9.80

Barbara Rias-Bucher

So schmeckt's vom Holzkohlengrill

Köstliche Rezept-Ideen und Tips aus der Praxis

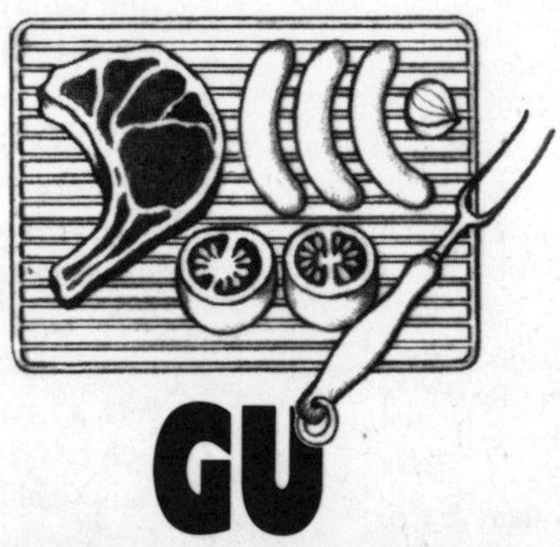

GU
Gräfe und Unzer

Umschlag-Vorderseite
Für Kenner gilt das Porterhouse Steak sicher als eine der besten Grilladen. Rezept Seite 34.
2. Umschlagseite
Wer rasch Grilladen zur Hand haben will, der kann Spießchen und Steaks auch fertig vorbereitet und gewürzt kaufen. Die Johannisbeerglasur ist eine feine Ergänzung. Rezept Seite 41.
3. Umschlagseite
Selbstgemachte Grillsaucen: Pflaumenglasur, hinten links, davor Kräuterremoulade, hinten rechts Käsesauce und vorne Kräuterbutter. Rezepte Seite 41 und 43.
Umschlag-Rückseite
Bei Spießen und Spießchen sind der Phantasie kaum Grenzen gesetzt. Rezepte Seite 12 und 13.

Farbfotos: Fotostudio Teubner (Umschlag-Vorderseite, 2. Umschlagseite, Seite 9, 19, 37, 38, 47); Susi und Pete A. Eising (Seite 10, 20, 48, 3. Umschlagseite)

CIP-Kurztitelaufnahme der Deutschen Bibliothek

Rias-Bucher, Barbara.

So schmeckt's vom Holzkohlengrill: köstl. Rezept-Ideen u. Tips aus d. Praxis / Barbara Rias-Bucher.
- 3. Aufl. - München: Gräfe und Unzer, 1986

ISBN 3-7742-4624

3. veränderte Auflage 1986

Redaktion: Antje Schunka-Späth
Herstellung: Robert Gigler
Zeichnungen: Ingrid Schütz, Gerlind Bruhn
Einbandgestaltung: Heinz Kraxenberger
Satz und Druck: Georg Appl
Reproduktionen: Brend'amour, Simhart & Co.
Bindung: R. Oldenbourg

ISBN 3-7742-4624

Barbara Rias-Bucher,
gebürtige Münchnerin, arbeitete nach ihrem Studium als Redakteurin bei einem Münchner Verlag. Seit 1979 ist sie als freie Food-Journalistin für Zeitschriften und große Buchverlage tätig.

Hinweis und Warnung

Bei der Verwendung von Brennspiritus, Benzin, Petroleum oder Heizöl beim Anzünden von Grillfeuern besteht Explosionsgefahr und die Gefahr schwerer Verbrennungen. Ungefährliche Grillanzünder sind im Handel erhältlich. Darüber hinaus muß die Windrichtung vor dem Anzünden genau beobachtet und berücksichtigt werden und Kinder sind von offenen Feuern fernzuhalten.
In den vergangenen Jahren ist vielfach erörtert worden, ob und inwieweit von über offenem Feuer gegrillten Speisen Gesundheitsgefahren ausgehen können. Jeder Leser ist aufgefordert, in eigener Verantwortung zu entscheiden, ob und inwieweit er eine beachtliche Gefahr für gegeben hält und ob und wie er sie durch die Auswahl einer bestimmten Form des Grillgerätes zu vermindern versucht.

Sie finden in diesem Buch

Alle Rezepte sind, wenn nicht anders angegeben, für 4 Personen berechnet.

Ein Wort zuvor

Grillen mit Holzkohle ist in den letzten Jahren zu einem der beliebtesten Freizeitvergnügen geworden. Es macht einfach Spaß, die Küche an einem lauen Sommerabend in den Garten oder auf den Balkon zu verlegen und gemeinsam aktiv zu werden.

Wer sich also, angesteckt von Freunden und Nachbarn, der großen Schar der Grillfans anschließen will, der hat mit diesem neuen Küchen-Ratgeber die richtige Anleitung in Händen, sowohl für Tips und Anregungen als auch für die Ideen zu feinen Grilladen.

Doch nicht nur »Einsteiger« ins Thema »Holzkohlengrill« kommen auf ihre Kosten. Auch die versierten Feinschmecker unter uns entdecken neue Tips und vor allem neue köstliche Rezepte. Das Grillen mit Holzkohle bietet tatsächlich für jeden etwas: Kinder dürfen Würstchenorgien feiern, Fleischesser schlemmen beim großen Spießbraten, und wer's lieber vegetarisch mag, der hält sich an Gemüse vom Grill und Folienkartoffeln.

Ich habe bei meinen eigenen Grillfesten vieles probiert und das Beste davon für Sie aufgeschrieben: einfache, aber köstliche Rezepte, die jedem gelingen, und dazu raffinierte Varianten für Könner. Natürlich finden Sie auch die passenden Marinaden, Glasuren und Saucen sowie Beilagen vom Grill und besondere Salate.

Pannen beim Grillen dürfen, müssen jedoch nicht sein. Sie finden in diesem Küchen-Ratgeber deshalb neben Rezepten, Anregungen und Tips auch ein wenig Technik. Richtig grillen ist zwar keine Wissenschaft, aber es erfordert ein paar Kenntnisse. Erwarten Sie jedoch bitte keine Perfektion: Holzkohlenglut läßt sich nicht exakt regulieren; sie verhält sich zum Elektrogrill etwa wie Großmutters Kohleherd zum modernen Küchenherd. Die angegebenen Garzeiten können also nur Richtwerte sein, die Sie eventuell nach Ihren persönlichen Erfahrungen etwas verändern müssen. Mit ein wenig Fingerspitzengefühl ist das aber kein Problem.

Und bedenken Sie bitte auch, daß sich bei einer so »natürlichen« Garmethode wie dem Grillen über Holzkohle die mindere Qualität von Rohprodukten nicht vertuschen läßt. Das zähe Steak, vielleicht für teures Geld gekauft, bleibt auch auf dem Holzkohlenrost, was es ist. Und ein langweilig schmeckendes Würstchen können Sie selbst durch die delikateste Glasur nur unwesentlich verbessern. Doch keine Angst: Grillen ist ein preiswertes Vergnügen, sofern Sie die Angebote der Saison nutzen.

Grillen Sie also, was Ihnen schmeckt, und gehen Sie mit ein bißchen Mut zur Improvisation und einer Portion Phantasie an die Sache heran. In diesem Sinne viel Spaß und guten Appetit!

Ihre Barbara Rias-Bucher

Die richtige Glut

Es ist gewiß ein wenig komplizierter mit der Holzkohlenglut umzugehen, als die Grilladen in den exakt regulierbaren Elektrogrill zu schieben. Deshalb kommt es schon auf die gut durchdachte Vorbereitung an. Beginnen wir mit dem Brennmaterial. Auf dem Markt sind verschiedene Arten von Harthölzern (Eiche, Buche, Obstbaum- und Hickoryholz) sowie Holzkohle und Holzkohlenbriketts.

Holz muß auf alle Fälle trocken sein. Die Grilltemperatur erreicht es nach etwa 45 Minuten: Sobald es kräftig glüht und von einer dünnen Ascheschicht überzogen ist, können Sie mit dem Grillen beginnen.

Holzkohle ist preiswert und relativ schnell »grillbereit«. Bei Holzkohlenbriketts dauert es etwas länger, dafür speichern sie auch die Hitze länger. Verwenden Sie Holzkohle deshalb für Kurzgegrilltes wie Würstchen, Steaks und Koteletts, Holzkohlenbriketts dagegen, wenn Sie viele Gäste bewirten oder einen Braten am Spieß garen wollen.

Vor dem Anzünden prüfen Sie bitte die Windrichtung. Stellen Sie dann den Grill so auf, daß der Wind nicht in die Glut pustet. Zum Anzünden brauchen Sie weder Holzspäne, noch Tannenzapfen oder ähnliches. Es genügen die Grillanzünder, die Sie in jedem Supermarkt kaufen können. Auch mit Brennspiritus läßt sich das Feuer anzünden - ich halte diese Methode jedoch für gefährlich und gehe deshalb nicht darauf ein. Vollkommen ungeeignet sind Benzin, Petroleum oder Heizöl! Hier besteht Lebensgefahr, ganz abgesehen davon, daß die Grilladen geschmacklich verderben.

Schichten Sie das Brennmaterial pyramidenförmig auf und entzünden Sie es an zwei Stellen. Sobald es von einer weißen, dünnen Ascheschicht überzogen ist, ziehen Sie es auseinander. Der Glutkorb soll jetzt gleichmäßig gefüllt sein. Ein paar Richtwerte: Holzkohle glüht nach 20 Minuten, Holzkohlenbriketts glühen nach etwa 30 Minuten. Sie halten die Hitze (180 °C) circa 90 Minuten. Falls Sie nachheizen müssen, tun Sie dies bitte immer vom Rand aus und warten Sie auf alle Fälle dann so lange, bis auch das neue Brennmaterial gut durchgeglüht ist. Das Anzünden des Grills braucht also seine Zeit, und Sie sollten nur in Notfällen ein bißchen mit dem Blasebalg nachhelfen.

Den Grillrost legen Sie etwa 10 Minuten vor Grillbeginn auf, damit auch er die Hitze speichern kann. Bei robusteren Grilladen brauchen Sie ihn dann nicht einzuölen. Apropos Öl: ebenso wie jedes andere Fett gerät es leicht in Brand. Bestreichen Sie deshalb den Rost grundsätzlich nur ganz dünn und zwar auf jeden Fall bevor Sie ihn über die Glut legen.

Es versteht sich gewiß von selbst, daß Kinder nichts in der Nähe des Grills zu suchen haben, wenn Sie ihn in Gang setzen.

Wie schon erwähnt, läßt sich die Holzkohlenglut niemals exakt regulieren und muß deshalb stets beaufsichtigt werden. Wenn das Grillgut zu schnell bräunt, legen Sie es auf Alufolie und/oder stellen den Rost höher. Den Braten nehmen Sie samt Spieß beziehungsweise Bratkorb weg von der Glut, hüllen ihn ebenfalls in Alufolie und hängen ihn wieder vor die Glut.

Die Grilladen

Zur richtigen Vorbereitung gehört auch der Zeitplan für die Grilladen: Würstchen garen schneller als Spareribs, Steaks schneller als das dicke Schweinekotelett. Überlegen Sie also, was Sie zuerst auf den Grill legen, und stellen Sie alles, was Sie an weiteren Zutaten brauchen - beispielsweise Glasuren oder gewürzte Öle -, neben dem Grill bereit.

Die Tiefkühltruhe leistet dem Griller gute

Dienste; sie ermöglicht ihm, die Gunst der Stunde, sprich: den lauen Sommerabend nach einer verregneten Woche zu nutzen. Allerdings muß das Grillgut vor der Zubereitung grundsätzlich auftauen und Zimmertemperatur annehmen. Bei manchen Produkten geht das schneller, bei anderen dauert es eine geraume Zeit. Halten Sie sich deshalb einen Vorrat an Würstchen (Tauzeit je nach Größe 15–45 Minuten) und einfachen Lammkoteletts (Tauzeit etwa 30 Minuten). Alles, was schnell auftauen soll, müssen Sie vor dem Einfrieren einzeln verpacken. Geflügel braucht, soll es wirklich gut schmecken, eine lange Auftauzeit von etwa 24 Stunden. Lassen Sie es bitte zuerst im Kühlschrank auftauen und gönnen Sie ihm nur die letzten 5–6 Stunden Zimmertemperatur.

Alle Grilladen müssen, bevor sie auf den Grill kommen, sorgfältig trockengetupft werden. Bei feuchtem Grillgut passiert das gleiche wie bei zu niedrigen Temperaturen: die Strahlungshitze dringt zu langsam ein, so daß sich die Poren nicht schnell genug schließen können. Die Folge: das Gegrillte verliert den Saft, wird zäh und trocken.

Mageres Fleisch und magerer Fisch brauchen während des Grillens ständig Fremdfett, damit sie saftig bleiben. Umhüllen Sie diese Grilladen deshalb mit fettem Speck und bepinseln Sie sie häufig mit Öl. Und bitte entfernen Sie Fettränder am Fleisch niemals vor dem Grillen!

Wichtig:

- Wenn Fett in die Glut tropft, bilden sich Flammen, die das Grillgut verderben und gesundheitsschädliche Stoffe freisetzen können. Halten Sie deshalb einen Wäschesprüher bereit: Ein paar Spritzer Wasser löschen die Flämmchen. Fettreiche Grilladen sollten Sie immer *vor* der Holzkohlenglut, also mit senkrecht gestelltem Glutkorb garen. Wenn Sie einen Grill ohne verstellbaren Glutkorb besitzen, müssen Sie unter diese Grilladen Alufolie legen.
- Stellen Sie den Grill so auf, daß Sie mindestens von zwei Seiten bequem herankönnen. Nichts ist schlimmer, als drangvolle Enge beim Hantieren vor der Glut.
- Schaffen Sie sich eine kleine Schaufel an, mit der Sie Holzkohle nachfüllen können.

Die Mengen

Hier kann ich Ihnen nur ein paar Anhaltspunkte nennen. Sie wissen selbst am besten, welcher Ihrer Gäste eine ganze Schweinshaxe vertilgen kann und welcher schon nach dem ersten Grillwürstchen aufgibt.

Grundsätzlich rechnet man pro Kopf:
200–250 g Fleisch (ohne Knochenanteil),
etwa 150 g Brot,
etwa 150 g Salatzutaten (frische Salate),
75–100 g Käse,
1–1½ Flaschen Wein oder
etwa 3 l Bier.

Wenn von den Grilladen etwas übrigbleibt, sollten Sie es trotzdem noch grillen (Fleisch, Fisch, Würste) oder möglichst rasch einfrieren (Brot, Buttermischungen). Gegrillte Würstchen und Fisch lassen sich am nächsten Tag zu einem Salat verarbeiten, Fleisch schmeckt auch kalt (außer fettem Lammfleisch).

Mein Tip Die meisten Grilladen dieses Buches können problemlos auch im Elektrogrill zubereitet werden. Entsprechende Hinweise finden Sie bei den einzelnen Rezepten.

Wichtig: Der Elektrogrill muß grundsätzlich vorgeheizt werden, damit das Grillgut von Anfang an der intensiven Strahlungshitze ausgesetzt werden kann.

Wurst und Würstchen

Grillwürstchen haben viele Vorteile: tiefgefroren tauen sie rasch auf, eignen sich deshalb hervorragend für die improvisierte Grillparty; Sie können sie mit schnell angerührten Senfmischungen oder Würzsaucen bestreichen, mit Speckscheiben umwickeln, oder einschneiden und mit Zwiebelringen, Käse und Knoblauch füllen. Abgesehen von etwas Phantasie brauchen Sie also nur Zutaten, die Sie meist sowieso im Hause haben, um Überraschungsbesuch zu bewirten.
Ein paar Tips:

- Würstchen bei mittlerer Hitze nicht zu nahe an der Glut grillen; sie platzen sonst leicht auf.
- Fette Würste wie etwa Debrecziner an der Oberseite einkerben, damit das Fett austreten kann und die Würste bekömmlicher werden.
- Kleine Würstchen auf Holz- oder Metallspieße stecken, damit sie nicht in die Glut fallen können.
- Alle fettreichen Würste sowie solche, die Sie mit einer Ölmischung bepinseln, besser auf Alufolie grillen, denn das herabtropfende Fett gerät leicht in Brand, verdirbt das Grillgut und setzt dabei gesundheitsschädliche Stoffe frei.

Wurst-Grill

8 Nürnberger Rostbratwürstchen · 4 Schweinswürstchen · 4 Rindsbratwürste · 4 Knackwürste · 4 mittelgroße Tomaten · 2 Knoblauchzehen · 1 Eßl. kaltgepreßtes Olivenöl · Salz · frisch gemahlener schwarzer Pfeffer

- Vorbereitungszeit: 20 Minuten
- Grillzeit: 10–20 Minuten, je nach Sorte
- Geeignet für Holzkohlenrost, Elektrogrill

So wird's gemacht: Die Würstchen mit Küchenpapier trockentupfen. Die Schweinswürstchen mit einem Zahnstocher mehrmals einstechen, damit beim Grillen das Fett abtropfen kann. Die Tomaten waschen, abtrocknen und oben kreuzweise einkerben, dabei den Stengelansatz herausschneiden. Die Knoblauchzehen schälen, durch die Knoblauchpresse drücken und mit dem Olivenöl mischen. Diese Mischung in die Einkerbungen der Tomaten füllen. • Alle Würstchen sowie die Tomaten nebeneinander auf den heißen, mit Alufolie bespannten Holzkohlenrost legen. Bei mittlerer Hitze 10–20 Minuten grillen; die Würstchen dabei mehrmals wenden. Die Tomaten erst unmittelbar vor dem Servieren mit Salz und Pfeffer würzen.

Das paßt dazu: Kartoffelsalat mit Gurke und Borretsch (Rezept Seite 52) oder Kopfsalat mit Radieschen und Bauernbrot.

Variante: Rindsbratwürste mit Aprikosensauce
8 Rindsbratwürste mit Küchenpapier trockentupfen und an den Oberseiten mit einem scharfen Messer einkerben. Den Inhalt von 1 kleinen Dose Aprikosen (300 g) auf einem Sieb abtropfen lassen. Den Saft anderweitig verwenden. Die Aprikosen mit dem Saft von 1 Orange und ½ Zitrone sowie 1 Teelöffel scharfem Senf, 3 Eßlöffeln Sojasauce, 1 gestrichenen Teelöffel Curry, 1 Teelöffel Öl und Cayennepfeffer nach Geschmack im Mixer pürieren. Die Würste auf dem heißen Grillrost etwas angrillen, dann bei mittlerer Hitze wie oben fertiggrillen, dabei immer wieder wenden und mit der Sauce bestreichen.

Variante: Kalbsbratwürste mit Mangoglasur
8 Kalbsbratwürste mit Küchenpapier trockentupfen. 4 Eßlöffel Mangosauce (Fertigprodukt) mit 2 Eßlöffeln Zitronensaft, 2 Teelöffeln Zitronensenf, 1 kräftigen Prise Cayennepfeffer sowie 1 Eßlöffel Olivenöl mischen. Die Würstchen unter häufigem Wenden wie oben grillen, dabei immer wieder mit der Mangoglasur bepinseln.

Mein Tip Das feinste – und leider auch teuerste – Olivenöl stammt aus der ersten Pressung. Es kommt unter den Bezeichnungen »Olio vergine«, »Huile vierge«, »Jungfernöl« oder »kaltgepreßtes« Olivenöl in den Handel. Solche Öle sind naturbelassen, also nicht raffiniert, und besitzen einen ausgeprägten Eigengeschmack, den allerdings nicht jeder schätzt. Mit jeder weiteren Pressung der Oliven verliert sich dieser Geschmack allmählich. Allerdings sind diese normalen Olivenöle nicht zu verwechseln mit »geschmacksneutralen« Ölen wie zum Beispiel Sonnenblumen-, Soja- und Maiskeimöl. Auch Mischungen aus verschiedenen Ölsorten, die als »Delikateßöl«, »Pflanzenöl« oder »Tafelöl« gekennzeichnet werden, haben keinen spezifischen Geschmack und sind deshalb sehr vielseitig zu verwenden.

Würstchen mit Kräuterfüllung

Wollwürste – weiße Würstchen aus Kalb- und Schweinefleischbrät, ohne Haut – schmecken, nur in der Pfanne gebraten, oft ein bißchen langweilig. Ich lege sie deshalb auf den Grill, bestreiche sie mit süß-scharfen Glasuren oder fülle sie mit frischen Kräutern.

1 Knoblauchzehe · 1 Handvoll gemischte Kräuter, zum Beispiel Salbei, Thymian, Rosmarin, Petersilie · 2 Eßl. kaltgepreßtes Olivenöl · 4 Wollwürste, ersatzweise 1 Ring weiße Lyoner Wurst · 4 dünne Scheiben Frühstücksspeck

- Vorbereitungszeit: 10 Minuten
- Grillzeit: etwa 15 Minuten
- Geeignet für: Holzkohlenrost, Elektrogrill

So wird's gemacht: Die Knoblauchzehe schälen und durch die Knoblauchpresse drücken. Die Kräuter gründlich waschen und trockenschwenken, dann mit dem Wiegemesser feinhacken. Mit dem Knoblauch und dem Olivenöl mischen. • Die Wollwürste der Länge nach halbieren, die Kräuterpaste hineinstreichen und die Würste wieder zusammensetzen. Spiralenförmig mit den Speckscheiben umwickeln, diese eventuell mit Zahnstochern feststecken. • Die Würste auf den heißen Holzkohlenrost legen und bei mittlerer Hitze unter häufigem Wenden etwa 15 Minuten grillen, bis der Speck knusprig gebraten ist.

Das paßt dazu: frisches Stangenweißbrot

An das Einfachste denkt man manchmal nicht: Fleisch- oder Putenwurst schmeckt gegrillt ganz hervorragend. Dazu paßt Kartoffelsalat mit Gurke und Borretsch. Rezepte Seite 11 und 52. ▷

Variante: Wurstschnitzel mit Tomatensauce
200 g reife Tomaten mit kochendem Wasser übergießen, abschrecken, häuten und halbieren. Dabei Stengelansätze und Kerne entfernen. Das Tomatenfleisch mit 1 geschälten großen Zwiebel und 2 geschälten Knoblauchzehen im Mixer zerkleinern. Mit 1 Eßlöffel Zucker, ½ Eßlöffel scharfem Senf, Salz, schwarzem Pfeffer und 8 Eßlöffeln kaltgepreßtem Olivenöl mischen. 4 Scheiben Kalbfleischwurst von je etwa 100 g auf den heißen Holzkohlenrost legen und bei mittlerer Hitze unter häufigem Wenden etwa 15 Minuten grillen. Dabei immer wieder mit der Tomatensauce bepinseln.

Variante: Geknofelte Schnapswürstchen
4 Paar Wiener Würstchen mit einem Zahnstocher mehrmals einstechen. 2 Schnapsgläser Calvados (4 cl) mit 2 geschälten, zerdrückten Knoblauchzehen und 4 Eßlöffeln kaltgepreßtem Olivenöl mischen. Diese Beize über die Würstchen geben. Die Würste in einem verschlossenen Gefäß mindestens 12 Stunden marinieren. Dabei mehrmals wenden. Den heißen Grillrost mit Alufolie bespannen, die Würstchen über der mittelheißen Glut unter häufigem Wenden 15 Minuten grillen. Dabei die Würstchen immer wieder mit der Beize bestreichen.

◁ Eine Weißweinmarinade oder eine würzige Beize machen Fleisch, das gegrillt werden soll, besonders schmackhaft und zart. Das Rezept für gebeizte Lammspießchen auf Seite 13 ist ein gutes Beispiel.

Variante: Gegrillte Putenwurst
Bild Seite 9
Ebenso wie Kalbfleischwurst können Sie Putenwurst grillen, die Sie vorher mit etwas geschmacksneutralem Öl bepinseln.

Cabanossi im Teigmantel

Das Rezept wird Sie ebenso begeistern wie mich: Die pikante Knoblauchwurst gibt dem Teig ein würziges Aroma. Statt Pizzateig können Sie auch Brotteig verwenden. Lassen Sie dann die Würste etwa 10 Minuten länger in der Glut.

1 Paket Backmischung Pizzateig (225 g) · Wasser und Öl laut Packungsaufschrift · 1 Cabanossi (etwa 200 g) · 2 Eßl. kaltgepreßtes Olivenöl

- Vorbereitungszeit: 15 Minuten
- Grillzeit: etwa 20 Minuten
- Geeignet für: Holzkohlenglut

So wird's gemacht: Den Pizzateig nach Packungsaufschrift zubereiten, halbieren und jede Hälfte auf einem mit Mehl bestäubten Backbrett so dünn wie möglich ausrollen. Die Cabanossi ebenfalls halbieren und die Hälften in die beiden Teigplatten einschlagen. 2 Blätter Alufolie mit 1 Eßlöffel Olivenöl bestreichen und die umhüllten Würste in die Folie wickeln. • Die Päckchen in die Holzkohlenglut legen, und die Würste unter häufigem Wenden 15 Minuten grillen. Aus der Folie nehmen, mit Öl bestreichen, noch 5 Minuten auf dem Rost bräunen lassen. Zum Servieren die Wurst im Teig in etwa 3 cm lange Stücke schneiden.

Bunte Spieße

Alles, was sich grillen läßt, können Sie auch auf Spießchen stecken - vorausgesetzt, die Zutaten behalten während des Garens ihre feste Struktur. Käse beispielsweise beginnt zu »laufen« und Tomaten werden häufig so weich, daß sie in der Glut landen.

Wichtig ist vor allem, daß die Garzeiten der einzelnen Zutaten nicht voneinander abweichen. Schwein und Rind auf einem Spieß halte ich für problematisch, denn das eine schmeckt besser richtig durchgegart, das andere sollte man medium grillen. Gleiches gilt für hartfaserige Gemüse, zum Beispiel Paprikaschoten, und zartes Fleisch. Grundsätzlich sollten Sie alle Zutaten für Grillspießchen in möglichst gleich große Stücke oder Würfel schneiden.

Schweinespießchen

400 g Schweinefleisch (Keule) · 6 dünne Scheiben Frühstücksspeck · 12 Kurpflaumen ohne Stein · Öl zum Bestreichen · Salz · frisch gemahlener schwarzer Pfeffer

- Vorbereitungszeit: 5 Minuten
- Grillzeit: etwa 10 Minuten
- Geeignet für: Holzkohlenrost, Elektrogrill

So wird's gemacht: Das Schweinefleisch in Würfel von etwa 3 cm Seitenlänge schneiden. Die Frühstücksspeckscheiben halbieren und in jede Hälfte eine Kurpflaume wickeln. Das Schweinefleisch und die umwickelten Kurpflaumen abwechselnd auf vier Spieße verteilen und das Fleisch leicht mit Öl bestreichen. • Die Spieße auf den heißen Holzkohlenrost legen und unter häufigem Wenden bei mittlerer Hitze etwa 10 Minuten grillen. Die Spießchen vor dem Servieren mit wenig Salz und Pfeffer würzen.

Das paßt dazu: Knoblauchbrot (Rezept Seite 51)

Variante: Spießchen mit Apfel
500 g Schweinenacken (ohne Knochen) in gleich große Würfel schneiden. 2 säuerliche Äpfel schälen und vierteln, dabei die Kerngehäuse entfernen. Die Apfelviertel noch einmal teilen.
12 Schalotten schälen. Alles abwechselnd auf vier dünne Holzspießchen verteilen und mit Curry bestäuben. Über der mittelheißen Glut etwa 15 Minuten grillen. Dabei immer wieder wenden und mit Öl bestreichen. Erst zum Schluß salzen.

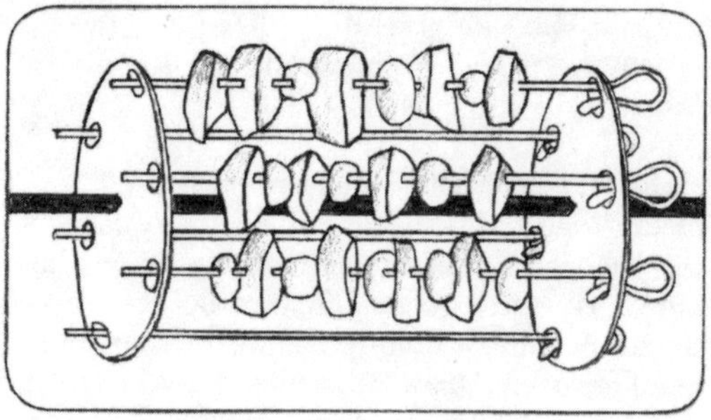

Für Leute, die gerne Spießchen grillen, lohnt sich die Anschaffung einer Haltevorrichtung, die man am Drehspieß befestigt.

Variante: Spießchen mit Ananas
500 g Schweinefleisch aus der Keule in gleichmäßige Würfel schneiden. 200 g frische Ananas in ebensolche Stücke schneiden. Die Fruchtstükke abwechselnd mit dem Fleisch auf vier Spießchen verteilen. Die Ananasspieße über der mittelheißen Holzkohlenglut etwa 6 Minuten grillen. Dabei häufig wenden und mit geschmacksneutralem Öl (1 Eßlöffel) bestreichen. Erst vor dem Servieren mit Salz und eventuell Cayennepfeffer würzen.

Gebeizte Lammspießchen

Bild Seite 10

500 g Lammfleisch (Keule) · ⅛ l trockener italienischer Weißwein · 1 Stück unbehandelte Zitronenschale · 2 Knoblauchzehen · 2 Zweige frischer Rosmarin · 2 Eßl. kaltgepreßtes Olivenöl · 2 Zucchini (etwa 250 g) · Salz · frisch gemahlener schwarzer Pfeffer
Zum Bestreichen: 2 Eßl. Olivenöl

- Vorbereitungszeit: 15 Minuten
- Marinierzeit: 5 Stunden
- Grillzeit: etwa 8 Minuten
- Geeignet für: Holzkohlenrost, Elektrogrill

So wird's gemacht: Das Lammfleisch mit Küchenpapier trockentupfen und in Stücke von etwa 3 cm Seitenlänge schneiden. Den Weißwein mit der Zitronenschale, den geschälten Knoblauchzehen, dem Rosmarin und dem Olivenöl mischen. Die Beize über die Fleischwürfel gießen und das Fleisch etwa 5 Stunden zugedeckt an einem kühlen Platz marinieren. • Die Zucchini waschen, abtrocknen und in etwa 1 cm dicke Scheiben schneiden. Abwechselnd mit den abgetropften Fleischwürfeln auf vier Spießchen verteilen. Die Spießchen mit Salz und Pfeffer bestreuen und auf den heißen Holzkohlenrost legen. Bei mittlerer Hitze unter häufigem Wenden etwa 8 Minuten grillen, dabei immer wieder mit Olivenöl bestreichen.

Das paßt dazu: frisches Stangenweißbrot und Tomatensalat mit Basilikum

Variante: Puten-Pilz-Spieße
300 g Putenschnitzel in etwa 1 cm breite Streifen schneiden. Die Streifen aufrollen und mit Frühstücksspeck umwickeln. 1 mittelgroße Aubergine waschen, abtrocknen und in gleich große Würfel schneiden. Die Würfel mit Salz bestreuen und 20 Minuten ziehen lassen; dann mit Küchenpapier trockentupfen. Inzwischen 200 g möglichst gleich große Pilze (braune Egerlinge oder noch besser Steinpilze) putzen und, wenn nötig, kurz unter fließendem kaltem Wasser abspülen. Die umwickelten Putenstreifen, die Auberginenwürfel und die Pilze abwechselnd auf vier Spieße verteilen. Auf den heißen Holzkohlenrost legen und bei mittlerer Hitze unter ständigem Wenden etwa 10 Minuten grillen. Dabei die Auberginen und die Pilze häufig mit Öl bepinseln. Vor dem Servieren salzen.

Variante: Geflügelspieße mit Banane
400 g Hähnchenbrustfilet in Streifen schneiden und mindestens 4 Stunden in einer Mischung aus zerdrücktem Knoblauch, feingehackter frischer Ingwerwurzel, Sojasauce und Öl marinieren. Dann die Fleischstreifen abwechselnd mit etwa 1 cm dicken Bananenscheiben auf vier Spieße verteilen. Auf den heißen Holzkohlenrost legen und bei mittlerer Hitze unter häufigem Wenden etwa 6 Minuten grillen. Dabei immer wieder mit der Beize bestreichen.

Mein Tip Zartes Geflügelfleisch sollten Sie nie fettlos grillen, sonst wird es trokken. Also grundsätzlich vor der Zubereitung in eine ölhaltige Beize legen oder mit Speckscheiben umwickelt grillen.

Steaks und Koteletts

Rindersteaks vom Holzkohlengrill sind zwar kein besonders billiges, dafür aber köstliches Mahl. Damit sich das zarte Fleisch beim Grillen auch wirklich in eine Delikatesse verwandelt, sollten Sie folgendes beachten:

- Kaufen Sie Ihre Steaks nur bei einem Metzger, von dem Sie sicher wissen, daß er das Fleisch mindestens 10 Tage, besser noch 2–3 Wochen hat abhängen lassen.
- Kluftsteaks – aus dem oberen Teil der Keule geschnitten – sollten nur von jungen Tieren stammen.
- Rindfleisch von guter Qualität ist marmoriert, das heißt von feinen, weißen Fettadern durchzogen.
- Wollen Sie Steaks auf Holzkohle grillen, sollte der Abstand zur Glut etwa 10 cm betragen; die Holzkohle muß gleichmäßig durchgeglüht, also von einer weißen Ascheschicht überzogen sein.
- Vor dem Grillen sollten Sie die Steaks entweder für einige Stunden in eine ölhaltige Marinade legen oder mit Öl einreiben.

Schweine- und Lammkoteletts, ebenfalls ideal zum Grillen, sind preiswerter als Rindersteaks und ihre Zubereitung ist problemloser. Kaufen Sie nur schlachtfrisches Fleisch von jungen Tieren. Lammkoteletts sollten Sie besser rosa grillen, Schweinekoteletts dagegen durchgegart servieren. Wenn das Schweinefleisch beim sachgerechten Grillen Saft verliert und zusammenschrumpft, stammt es von zu schnell hochgemästeten und meist mit Hormonen gefütterten Tieren. In diesem Fall sollten Sie mit Ihrem Metzger sprechen und – wenn das nichts nützt – ihn wechseln.

Auch Kalbfleisch können Sie grillen, allerdings bei schwacher Hitze, sonst wird es trocken. Außerdem sollten Sie das magere Fleisch mit reichlich Öl bestreichen oder mit Speck umwickeln.

Mein Tip Den Gargrad von Steaks herauszufinden ist ganz einfach: drücken Sie mit dem Finger leicht auf das Fleisch. Wenn es sich wie ein Schwamm eindrükken läßt, ist es innen noch blutig. Fühlt es sich elastisch an wie Ihre Handballen, ist es innen rosig (medium). Ein durchgegartes Steak hingegen gibt auf Fingerdruck nicht mehr nach und ist leider meist trokken.

Steaks vom Rind

Gegrillte Steaks zählen zu den Favoriten eines gelungenen Grillfestes. Unser Rezept bietet Ihnen wahlweise alle Möglichkeiten. Auf Seite 33 und 34 finden Sie darüber hinaus noch Rezepte für ein Ochsenkotelett und ein Porterhouse Steak.

4 Filetsteaks von je 200 g oder 4 Rumpsteaks von je 250 g oder 4 Kluftsteaks von je 200 g oder 2 Entrecôtes doubles von je 400 g · 4 Eßl. geschmacksneutrales Öl · frisch gemahlener schwarzer Pfeffer · Salz

- Vorbereitungszeit: 10 Minuten
- Grillzeit: für Filetsteaks, Rumpsteaks und Kluftsteaks je nach gewünschtem Gargrad pro Seite 4–6 Minuten, für Entrecôtes pro Seite etwa 8 Minuten
- Geeignet für: Holzkohlenrost, Elektrogrill

So wird's gemacht: Die Steaks von allen Seiten mit dem Öl bestreichen und das Öl mit dem Handballen gründlich einmassieren. Das Fleisch, mit Alufolie bedeckt, 5 Minuten ruhen lassen und anschließend leicht mit Küchenpapier abtupfen. Die Fettschicht der Rumpsteaks beziehungsweise Kluftsteaks mit einem scharfen

Messer in Abständen von 3 cm quer einschneiden, damit sie sich beim Grillen nicht wölben. • Die Steaks auf den heißen Holzkohlenrost legen. Von einer Seite bei mittlerer Hitze grillen – je nach Steakart und Gargrad zwischen 4 und 8 Minuten –, dann wenden und fertig garen. Auf vorgewärmten Tellern servieren. Mit Salz und frisch gemahlenem schwarzem Pfeffer bestreuen.

Das paßt dazu: Kräuterbutter (Rezept Seite 43), frisches Stangenweißbrot oder Folienkartoffeln und gemischter Salat.

Variante: Filetsteaks mit Sauce béarnaise
Die Filetsteaks wie oben beschrieben vorbereiten und ruhen lassen. Inzwischen die Sauce béarnaise auf dem Herd zubereiten (Rezept Seite 42). Die Filetsteaks wie oben grillen und die Sauce béarnaise gesondert dazu reichen. Als weitere Beilage sollten Sie nur frisches Stangenweißbrot servieren.

Variante: Gebeizte Rumpsteaks
4 Rumpsteaks mit Küchenpapier trockentupfen und mindestens 4 Stunden in Rotweinmarinade (Rezept Seite 39) legen. Die Rumpsteaks auf dem heißen Holzkohlenrost wie oben grillen. Mit Folienkartoffeln und Kräuterbutter (Rezept Seite 43) servieren.

Variante: Rinderfilet süß-sauer
4 Kluftsteaks wie oben beschrieben vorbereiten und ruhen lassen. 2 geschälte Knoblauchzehen durch die Knoblauchpresse drücken, mit 1 Teelöffel Balsamessig (ersatzweise 1 Teelöffel Himbeeressig oder 1 Messerspitze Honig), Saft von ½ Zitrone, 2 Eßlöffeln Sojasauce, 1 Teelöffel englischem Senfpulver und etwas Cayennepfeffer mischen. Die Steaks während des Grillens mit dieser Glasur bestreichen.

Scharfe Schweinekoteletts

4 Nackenkoteletts vom Schwein · Salz · 2 getrocknete scharfe Chilischoten · 1 Eßl. Sonnenblumenöl

- Vorbereitungszeit: 5 Minuten
- Grillzeit: 12–14 Minuten
- Geeignet für: Holzkohlenrost, Elektrogrill

So wird's gemacht: Die Schweinekoteletts mit Küchenpapier trockentupfen und salzen. Die Chilischoten in einem Mörser fein zerreiben und mit dem Öl mischen. • Die Schweinekoteletts auf den heißen Holzkohlenrost legen. Von jeder Seite mindestens 6 Minuten bei starker Hitze grillen und dabei einige Male mit dem gewürzten Öl bestreichen.

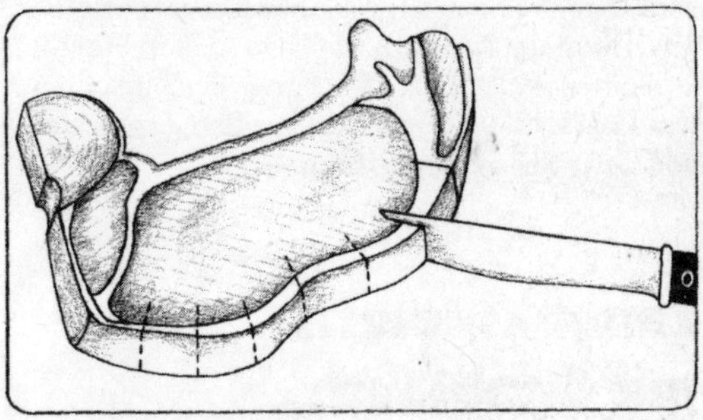

Bei Koteletts wird der Fettrand vor dem Grillen eingeschnitten, damit sie sich nicht wölben.

Das paßt dazu: Kartoffelsalat mit Kresse (Rezept Seite 53) oder frisches Bauernbrot und Senf-Kräuter-Paste (Rezept Seite 43)

Variante: Schweinekoteletts mit Kräutern
4 Schweinekoteletts mit Küchenpapier trockentupfen. Je 4 Zweige frischen Thymian, frischen Majoran und frische Zitronenmelisse sowie eini-

Mein Tip Verwenden Sie zum Grillen am besten die marmorierten Nackenkoteletts (mit Knochen) oder Koteletts aus dem Schweinerücken mit dünnem Fettrand. Das Fett schützt das Fleisch vor dem Austrocknen. Filet- oder Lummerkoteletts eignen sich nicht so gut für den Grill, denn der Filetanteil gart schneller als das Kotelettfleisch.

ge Blättchen frisches Basilikum und frischen Kerbel waschen, trockenschwenken und ganz fein hacken. Die Kräuter mit 1 geschälten, zerdrückten Knoblauchzehe und 4 Eßlöffeln kaltgepreßtem Olivenöl mischen. Die Öl-Kräuter-Mischung auf die Koteletts streichen. Die Koteletts aufeinanderschichten und in Alufolie wickeln. Mindestens 1 Stunde im Kühlschrank marinieren. Dann die Koteletts auf dem heißen Holzkohlenrost bei starker Hitze angrillen, anschließend bei mittlerer Hitze fertiggrillen, insgesamt von jeder Seite etwa 6 Minuten.

Lammkoteletts mit Knoblauch

12 Lammkoteletts von je etwa 80 g · 4 Knoblauchzehen · 6 Eßl. kaltgepreßtes Olivenöl · 2 Teel. Zitronensaft · Salz

- Vorbereitungszeit: 5 Minuten
- Grillzeit: 8–10 Minuten
- Geeignet für: Holzkohlenrost, Elektrogrill

So wird's gemacht: Die Lammkoteletts mit Küchenpapier trockentupfen. Die Knoblauchzehen schälen und durch die Knoblauchpresse drükken. Mit dem Olivenöl und dem Zitronensaft mischen. • Die Lammkoteletts von beiden Seiten mit dem Knoblauchöl bestreichen und auf den sehr heißen Holzkohlenrost legen. Bei starker Hitze von jeder Seite 3–4 Minuten grillen. Dabei noch einmal mit dem Knoblauchöl bepinseln. Vor dem Servieren salzen.

Das paßt dazu: Folienkartoffeln mit Käsesauce (Rezept Seite 43), Knoblauchbrot (Rezept Seite 51) oder frisches Stangenweißbrot

Variante: Lammchops mit Sahnegorgonzola
4 doppelte Lammkoteletts von je etwa 150 g mit wenig schwarzem Pfeffer bestreuen. 4 Knoblauchzehen schälen, zerdrücken und die Lammkoteletts damit bestreichen. 100 g Sahnegorgonzola mit einer Gabel zerdrücken und mit einigen Rosmarinnadeln mischen. Die Lammchops auf den heißen Holzkohlenrost legen. Bei starker Hitze von einer Seite 3 Minuten grillen, dann wenden und auf der Oberseite mit dem Sahnegorgonzola bestreichen. Weitere 3–4 Minuten grillen, bis der Käse cremig zerläuft.

Mein Tip Halten Sie sich in der Tiefkühltruhe möglichst immer einen Vorrat von einfachen Lammkoteletts, die Sie einzeln verpacken und einfrieren. Da die Fleischstücke nur etwa 80 g wiegen, tauen sie rasch auf. Außerdem sind sie in wenigen Minuten gar – ideal also für ein improvisiertes Grillfest.

Hacksteaks

Bild Seite 38

1 altbackenes Brötchen · 1 mittelgroße Zwiebel · 1 Bund Petersilie · 500 g gemischtes Hackfleisch · 1 Ei · Salz · 1 Teel. scharfer Senf · frisch gemahlener schwarzer Pfeffer · 3 Eßl. Öl

- Vorbereitungszeit: 20 Minuten
- Grillzeit: etwa 15 Minuten
- Geeignet für: Holzkohlenrost, Elektrogrill

So wird's gemacht: Das Brötchen in lauwarmem Wasser einweichen. Die Zwiebel schälen und feinschneiden. Die Petersilie waschen, mit Küchenpapier trockentupfen und ebenfalls feinhakken. Das Brötchen ausdrücken und zum Hackfleisch geben. Mit allen restlichen Zutaten außer dem Öl zu einem Fleischteig verarbeiten. Aus dem Teig mit angefeuchteten Händen Frikadellen von etwa 5 cm Durchmesser formen. Einen Bogen Alufolie in der Größe des Holzkohlenrostes mit dem Öl bestreichen. • Die Frikadellen auf die Folie über der mittelheißen Holzkohlenglut legen und von jeder Seite etwa 5 Minuten grillen. Dann die Alufolie entfernen und die Frikadellen auf dem Rost noch so lange grillen, bis sie knusprig sind.

Das paßt dazu: Kartoffelsalat mit Gurke und Borretsch (Rezept Seite 52)

Variante: Rinderhacksteaks mit Kräutern
400 g Rinderhack mit 1 eingeweichten und wieder ausgedrückten Brötchen, 1 Ei, 1 kleinen, gehackten Zwiebel, 2 Eßlöffeln geriebenem Parmesankäse, 2 Eßlöffeln Kapern sowie etwa 70 g frischen, gehackten Kräutern (zum Beispiel Thymian, Oregano, Pimpinelle, Sauerampfer, Basilikum und Schnittlauch) mischen. Wie oben beschrieben grillen.

Variante: Cheeseburgers
Die Hacksteaks wie oben beschrieben zubereiten und auf Alufolie grillen. Gleichzeitig 4 aufgeschnittene Milchbrötchen von beiden Seiten auf dem Grill rösten. Die fertigen Hacksteaks jeweils mit 1 Käsescheiblette bedecken und noch so lange grillen, bis der Käse zerläuft. Die Frikadellen dann mit Scheiben von Tomaten und Essiggurken, etwas Senf und Tomatenketchup in die aufgeschnittenen Brötchen geben.

Variante: Frikadellen mit Apfel und Minze
500 g mageres Rindfleisch aus der Schulter würfeln. Mit 1 ½ Scheiben Toastbrot, 1 großen, geschälten und gewürfelten Zwiebel, 2 geschälten Knoblauchzehen und 1 mittelgroßen säuerlichen Apfel (Boskop), den Sie zuvor geschält und entkernt haben, in den Mixer geben und zu einem Teig verarbeiten. 10 kleine Zweige frische Minze waschen und trockenschwenken. Die Minze sehr fein hacken und zusammen mit ½ Teelöffel Kurkuma (Gelbwurz), ½ Teelöffel englischem Senfpulver und 1 kräftigen Prise Cayennepfeffer unter den Teig mischen. Wie oben beschrieben grillen.

Kalbsröllchen mit Kräuter-Käse-Füllung

200 g gemischte frische Kräuter, zum Beispiel Sauerampfer, Zitronenmelisse, Oregano, Salbei, Thymian, Basilikum · 20 g Butter · 4 dünne Kalbsschnitzel von je 150 g · Salz · frisch gemahlener weißer Pfeffer · 2 Mozzarellakäse von je 150 g · 4 Scheiben Frühstücksspeck

- Vorbereitungszeit: 15 Minuten
- Grillzeit: etwa 20 Minuten
- Geeignet für: Holzkohlenrost, Elektrogrill

So wird's gemacht: Die Kräuter gründlich waschen, trockenschwenken und grobhacken. Die Butter in einem Topf schmelzen, die Kräuter darin unter Rühren zusammenfallen lassen. Vom Herd ziehen und lauwarm abkühlen lassen. • Die Kalbsschnitzel ganz dünn klopfen, von beiden Seiten mit Salz und Pfeffer würzen. Die Kräuter gleichmäßig auf den Fleischscheiben verteilen. Die Mozzarellakäse in Scheiben schneiden und ebenfalls auf die Schnitzel legen. Die Schnitzel vorsichtig zusammenrollen, mit dem Speck umwickeln und mit Rouladennadeln feststecken. • Die Röllchen auf dem heißen Holzkohlenrost bei mittlerer Hitze unter häufigem Wenden etwa 20 Minuten grillen.

Spareribs

Bild nebenstehend

2 kg Spareribs (Schweinerippchen) · Salz · frisch gemahlener schwarzer Pfeffer · 5 Knoblauchzehen · ⅛ l kaltgepreßtes Olivenöl

- Vorbereitungszeit: 5 Minuten
- Grillzeit: etwa 25 Minuten
- Geeignet für: Holzkohlenrost, Elektrogrill

So wird's gemacht: Die Schweinerippchen mit einem feuchten Tuch abreiben, um sämtliche Knochensplitter zu entfernen, dann längs so zerteilen, daß immer 2–3 Rippchen zusammenhängen. Die Rippchen mit Salz und Pfeffer einreiben. Die Knoblauchzehen schälen und durch die Knoblauchpresse drücken. Mit dem Olivenöl mischen. • Die Rippchen auf den heißen Holzkohlenrost legen und bei mittlerer Hitze unter häufigem Wenden etwa 25 Minuten grillen; dabei mit dem Knoblauchöl bepinseln.

Das paßt dazu: frisches Stangenweißbrot

Variante: Spareribs mit Pflaumenglasur
Eine Pflaumenglasur (Rezept Seite 41) zubereiten. Die Schweinerippchen wie oben beschrieben abreiben und teilen. Die Rippchen auf den heißen Holzkohlenrost – nicht zu nahe an der Glut – legen und bei mittlerer Hitze unter häufigem Wenden langsam grillen. Dabei während der letzten 15 Minuten immer wieder mit der Pflaumenglasur bestreichen, bis die Rippchen knusprig sind.

Grillspezialisten begeistern sich für Spareribs, die überall preiswert zu bekommen sind. Rezept auf dieser Seite. Eine raffinierte Glasur gehört unbedingt dazu. Durch den Zuckergehalt bildet sie auf dem Grill eine feine Kruste. Rezepte Seite 41. ▷

Fisch und Meeresfrüchte

Fisch sollten Sie schonend grillen, damit das zarte Fleisch nicht austrocknet und zerfällt. Die Temperatur darf deshalb nicht zu hoch sein: Wählen Sie beim Holzkohlenrost eine Entfernung von etwa 10 cm zwischen Glut und Rost. Am besten grillen Sie den Fisch auf Alufolie oder in einem Broiler (siehe Seite 23). Rost, Alufolie oder Broiler sollten Sie einölen und erhitzen, bevor Sie den Fisch darauflegen. Dennoch läßt sich das Anhaften der Haut nicht ganz vermeiden; der Fettfilm erleichtert nur das Wenden der Fischstücke.

Grillgeeignet sind ganze Fische (vorher seitlich einige Male schräg bis fast zur Mittelgräte einschneiden, damit sie gleichmäßig garen), Fischkoteletts, also dicke Scheiben mit Mittelgräte, und Fischfilets, die man am besten in oder auf Alufolie gart.

◁ Die Forellen werden innen und außen gewaschen und mit Küchenkrepp gut trockengetupft. Dann werden die Fische mit Zitronensaft beträufelt und innen leicht gesalzen. Mit der Füllung aus Dill, Fenchel und Zwiebeln werden die Forellen gefüllt.

Die Alufolie auf dem Rost mit Öl bestreichen, die Forellen darauflegen und 15 Minuten grillen. So zubereitet schmecken Forellen und auch andere Fische ganz köstlich. Rezept auf dieser Seite.

Schaltiere wie Muscheln und Krustentiere wie Hummerkrabben oder Scampi grillen Sie in der Schale, Krabben auf Alufolie, damit sie nicht durch den Rost fallen. Selbstverständlich legt man Krustentiere niemals lebend auf den Rost, sondern besorgt sich beim Fischhändler bereits getötete Tiere.

Zu allen Fischgrilladen passen frische Kräuter, Olivenöl, Zwiebeln, Knoblauch und Zitronensaft. An Gewürzen sollten Sie zusätzlich nur noch Salz und frisch gemahlenen Pfeffer verwenden.

Forelle mit Dill und Fenchel

Bild nebenstehend

4 frische, küchenfertige Forellen (je etwa 300 g) · Saft von ½ Zitrone · Salz · 6 Dolden frische Dillblüten · 1 Stengel Fenchelgrün · 2 Schalotten oder 1 kleine Zwiebel
Zum Bestreichen: Öl

- Vorbereitungszeit: 15 Minuten
- Grillzeit: etwa 15 Minuten
- Geeignet für: Holzkohlenrost, Elektrogrill

So wird's gemacht: Die Forellen unter fließendem kaltem Wasser innen und außen kurz abspülen, dann mit Küchenpapier trockentupfen. Die Fische außen mit dem Zitronensaft beträufeln, innen leicht salzen. Die Dillblüten und das Fenchelgrün unter fließendem kaltem Wasser waschen und trockenschwenken. Die Schalotten oder die Zwiebel schälen und in dünne Scheiben schneiden. • Die Dillblüten, das Fenchelgrün und die Schalotten- oder Zwiebelscheiben in die Forellen verteilen. Alufolie auf den mittelheißen Holzkohlenrost legen und mit dem Öl bestreichen. Die Forellen auf der Folie bei mittlerer Hitze etwa 15 Minuten garen. Während des Grillens einmal wenden.

Das paßt dazu: Folienkartoffeln und grüner oder gemischter Salat

Variante: Makrele mit Minze
4 Makrelen wie oben vorbereiten. Die Schale von 1 unbehandelten Zitrone, 1 Handvoll frische Minzeblättchen sowie 4 geschälte Knoblauchzehen mit dem Wiegemesser fein zerkleinern. Diese Mischung in die Fische füllen. Die Makrelen mit Küchengarn zubinden, mit Salz und frisch gemahlenem weißem Pfeffer bestreuen und mit kaltgepreßtem Olivenöl bestreichen. Auf dem Rost über mittelheißer Glut pro Seite etwa 10 Minuten grillen.

Variante: Kräuterhering
4 grüne Heringe wie oben vorbereiten, dann innen und außen mit Zitronensaft beträufeln. 2 Handvoll gemischte frische Kräuter waschen, hacken und in die Heringe füllen. Die Fische salzen und mit kaltgepreßtem Olivenöl bepinseln. Auf dem Rost über mittelheißer Holzkohlenglut von jeder Seite etwa 10 Minuten grillen.

Aal mit Rosmarin

1 frischer Aal (700–1000 g) · Saft von 1 Zitrone · Salz · frisch gemahlener weißer Pfeffer · 4 Zweige Rosmarin

- Vorbereitungszeit: 5 Minuten
- Grillzeit: etwa 15 Minuten
- Geeignet für: Holzkohlenrost

So wird's gemacht: Den Aal schon vom Fischhändler häuten und in vier Stücke schneiden lassen. • Die Aalstücke unter fließendem kaltem Wasser kurz abspülen und mit Küchenpapier sorgfältig trockentupfen. Die Fischstücke mit Zitronensaft beträufeln und mit Salz bestreuen. Die Rosmarinzweige, wenn nötig, waschen und trockenschwenken. In jedes Stück Aal einen Rosmarinzweig stecken. • Den heißen Holzkohlenrost mit Alufolie bespannen. Die Fischstücke darauflegen und bei mittlerer Hitze unter häufigem Wenden etwa 15 Minuten grillen. Vor dem Servieren mit Pfeffer bestreuen.

Das paßt dazu: frisches Stangenweißbrot oder Vollkornbrot mit Butter und Salz

Hummerkrabben nach provenzalischer Art

12 Hummerkrabben in der Schale · 1 Bund Petersilie · 5 Knoblauchzehen · 2 Eßl. provenzalische Kräutermischung · ⅛ l kaltgepreßtes Olivenöl · 2 Zitronen · Salz

- Vorbereitungszeit: 10 Minuten
- Grillzeit: etwa 20 Minuten
- Geeignet für: Holzkohlenrost

So wird's gemacht: Die Hummerkrabben unter fließendem kaltem Wasser kurz abspülen und mit Küchenpapier trockentupfen. Die Petersilie waschen, trockenschwenken und mit dem Wiegemesser grobhacken. Die Knoblauchzehen schälen und durch die Knoblauchpresse drükken. Die Petersilie, den Knoblauch und die Kräutermischung mit dem Olivenöl vermengen. Die Zitronen in Achtel teilen. • Den heißen Grillrost mit Alufolie bespannen. Die Hummerkrabben darauflegen und mit der Öl-Kräuter-Mischung bestreichen. Unter häufigem Wenden bei mittlerer Hitze etwa 20 Minuten grillen und dabei immer wieder mit dem Kräuteröl bestreichen. • Die Hummerkrabben erst bei Tisch aus den Schalen brechen, mit Salz (am besten aus der Mühle) bestreuen und mit Zitronensaft beträufeln.

Das paßt dazu: frisches Stangenweißbrot und eventuell ein gemischter Salat

Mein Tip Große Krustentiere wie Langusten oder Hummer werden vor dem Grillen längs halbiert (das macht auch der Fischhändler). Dann mit der Fleischseite nach unten auf dem Rost grillen, umdrehen und fertiggaren; dabei die Fleischseite mit Butter bepinseln.

Gemischte Fische

Beim Einkauf der Fische richten Sie sich am besten nach dem, was Ihr Fischhändler gerade fangfrisch bereithält. Wählen Sie außerdem nicht zu trockene Fische, sondern zum Beispiel Makrelen, Forellen, Heringe, Barben, Scholle, Aal oder Schwertfisch.

Zutaten für 6-8 Personen:
2 kg küchenfertige gemischte Fische · 4 Knoblauchzehen · ⅛ l kaltgepreßtes Olivenöl · 2 Zitronen · Salz · frisch gemahlener weißer Pfeffer

- Vorbereitungszeit: 20 Minuten
- Grillzeit: je nach Größe der Fische 10-20 Minuten
- Geeignet für: Holzkohlenrost, Elektrogrill

So wird's gemacht: Die küchenfertigen Fische innen und außen unter fließendem kaltem Wasser abspülen und mit Küchenpapier sorgfältig trockentupfen. Die Knoblauchzehen schälen, durch die Knoblauchpresse drücken und mit dem Olivenöl mischen. Die Zitronen in Achtel schneiden. • Die Fische innen mit dem Knoblauchöl bestreichen. In den geölten Broiler geben oder auf den mit geölter Alufolie bespannten heißen Holzkohlenrost legen. Die Fische je nach Größe auf jeder Seite 5-10 Minuten bei mittlerer Hitze grillen. • Vor dem Servieren mit Salz und Pfeffer würzen. Mit den Zitronenachteln anrichten.

Das paßt dazu: frisches Stangenweißbrot oder Folienkartoffeln

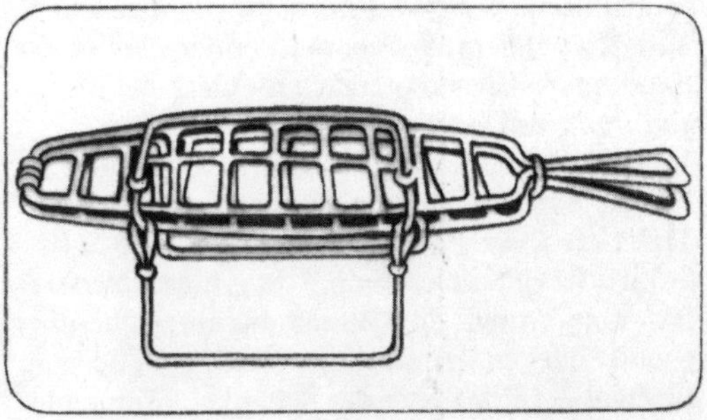

Der Broiler oder Fischkorb ist praktisch, wenn Sie häufig ganze Fische grillen. Man grillt sie auf dem Rost.

Variante:
Gemischte Fische mit Knoblauchmayonnaise
2 kg gemischte Fische wie oben beschrieben vorbereiten und grillen. Anstatt der Zitronenachtel mit Knoblauchmayonnaise (Rezept Seite 43) servieren.

Geflügel läßt sich nicht nur hervorragend grillen, sondern auch höchst abwechslungsreich zubereiten. Zum einen nämlich schützen Haut und Fettschicht das Fleisch vor dem Austrocknen, zum anderen schmeckt es – und das gilt vor allem für Hähnchen – ziemlich neutral, so daß es sich mit süß-scharfen Glasuren ebenso verträgt wie mit dem zarten Aroma frischer Kräuter oder einer kräftigen Prise pikanter Gewürze.

Für das Gelingen ist selbstverständlich auch hier die Qualität des Rohprodukts maßgebend. Das genormte 700-Gramm-Hähnchen von der Geflügelfarm ist gewiß billig, jedoch nicht einmal seinen Preis wert, denn es verwandelt sich auf dem Grillrost nicht in eine Delikatesse. Sie sollten deshalb die Mehrausgabe nicht scheuen und sich auf dem Wochenmarkt oder direkt beim Bauern mit Körnern gemästetes Geflügel besorgen – es lohnt sich!

Geflügel können Sie am Drehspieß – bitte Flügel, Schenkel und alle anderen abstehenden Teile befestigen –, im Dressierkorb (siehe Seite 32) oder zerteilt auf dem Rost grillen. Letzteres hat einen Vorteil: Sie können die unterschiedlichen Garzeiten der einzelnen Geflügelteile, zum Beispiel der Brust oder der Schenkel, problemlos berücksichtigen.

Wollen Sie Geflügelteile ohne Haut, beispielsweise Putenbrust, grillen, so sollten Sie das zarte Fleisch mit Speck umwickeln oder mit Butter beziehungsweise Öl bestreichen, sonst wird es unweigerlich trocken.

Mein Tip Tiefgefrorenes Geflügel muß vor der Zubereitung langsam, das heißt also etwa 24 Stunden im Kühlschrank auftauen. Die Flüssigkeit, die sich dabei ansammelt, sollten Sie unbedingt weggießen und das Geflügel anschließend kalt abspülen.

Brathähnchen am Spieß

Bild Seite 47

1 küchenfertiges Brathähnchen von 1200 g · 1 unbehandelte Zitrone · 2 Knoblauchzehen · ½ Bund Petersilie · Salz · frisch gemahlener schwarzer Pfeffer · 1 Eßl. Butter

- Vorbereitungszeit: 10 Minuten
- Grillzeit: etwa 1 Stunde und 15 Minuten
- Geeignet für: Drehspieß vor Holzkohlenglut, Elektrogrill

So wird's gemacht: Das Brathähnchen innen und außen unter fließendem kaltem Wasser gründlich abspülen und mit Küchenpapier trockentupfen. Die Zitrone waschen, trockenreiben und mit einer Gabel mehrmals einstechen. Die Knoblauchzehen schälen, die Petersilie waschen und trockenschwenken. • Das Brathähnchen innen und außen salzen und mit Pfeffer bestreuen. Die Zitrone, die Knoblauchzehen und die Petersilie in das Hähnchen stecken. Die Öffnung mit Küchengarn zunähen, das Hähnchen dressieren und auf einen Drehspieß stecken oder in einen Dressierkorb geben. Vor der heißen Holzkohlenglut etwa 1 Stunde und 15 Minuten garen. Während der letzten 10 Minuten Grillzeit häufig mit der Butter bepinseln.

Variante: Hähnchen in Knoblauchbeize
1 Brathähnchen von etwa 1200 g innen und außen unter fließendem kaltem Wasser abspülen und mit Küchenpapier sorgfältig trockentupfen. Für die Beize 6 Knoblauchzehen schälen und durch die Knoblauchpresse drücken. 1 Bund Petersilie und 4 Zweige frische Zitronenmelisse waschen, trockenschwenken und grobhacken. Mit dem Saft von 1 Zitrone, der grob zerkleinerten Schale von ½ unbehandelten Zitrone sowie 4 Eßlöffeln kaltgepreßtem Olivenöl mischen. Das

Hähnchen mindestens 5 Stunden in dieser Beize ziehen lassen. Dabei mehrmals wenden und mit Beize beschöpfen. Das Hähnchen aus der Beize nehmen, mit Salz und frisch gemahlenem weißem Pfeffer bestreuen. Auf dem Drehspieß vor der heißen Holzkohlenglut 1 Stunde und 15 Minuten grillen.

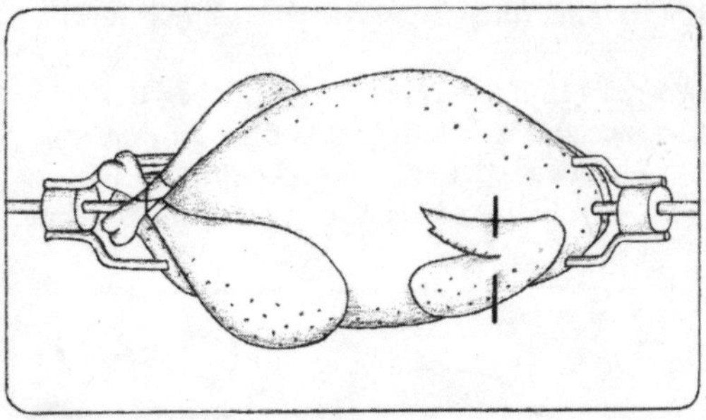

Beim Grillen am Spieß müssen Schenkel und Flügel des Hähnchens eng am Körper mit Küchengarn oder Holzspießchen befestigt werden.

Variante: Hähnchen in Senfbeize
1 Brathähnchen von etwa 1200 g wie oben beschrieben vorbereiten. Innen und außen mit Senfbeize (Rezept Seite 40) bestreichen und fest in Alufolie wickeln. In den Kühlschrank legen und mindestens 4 Stunden ziehen lassen. Das Hähnchen aus der Folie nehmen und mit Salz sowie schwarzem Pfeffer würzen. Auf dem Drehspieß vor der heißen Holzkohlenglut etwa 1 Stunde grillen.

Variante: Hähnchen in roter Beize
1 Brathähnchen von etwa 1 kg wie oben beschrieben vorbereiten und in ein verschließbares Gefäß legen. Mit der roten Beize (Rezept Seite 40) übergießen und mindestens 6 Stunden ziehen lassen. Das Hähnchen mit Küchenpapier trockentupfen und mit Salz würzen. Auf dem Drehspieß vor der heißen Holzkohlenglut etwa 40 Minuten grillen; dabei häufig mit der Beize bestreichen.

Variante: Glasiertes Hähnchen
1 Brathähnchen von etwa 1200 g wie oben vorbereiten, mit Salz einreiben und auf den Drehspieß stecken; dabei Flügel und Schenkel befestigen. Das Hähnchen vor der heißen Holzkohlenglut 1 Stunde und 15 Minuten grillen. Inzwischen für die Glasur 1 Eßlöffel Honig mit 1 Teelöffel Sojasauce, Cayennepfeffer nach Geschmack, ½ Teelöffel englischem Senfpulver und 1 Teelöffel geschmacksneutralem Öl mischen. Das Hähnchen während der letzten 10 Minuten Grillzeit von allen Seiten mit der Glasur bestreichen.

Mein Tip Wenn die Geflügelhaut während des Grillens Blasen wirft, bestreichen Sie sie mit etwas Butter oder Öl. Bitte die Haut niemals anstechen, sonst läuft der Saft aus dem zarten Fleisch und macht es trocken.

Gefülltes Hähnchen

1 Brathähnchen oder 1 Poularde von etwa 1200 g · Salz · frisch gemahlener weißer Pfeffer · 1 kleine Zwiebel · 100 g roher Schinken · 1 Bund Petersilie · 50 g mittelalter Goudakäse · 1 Eßl. Butter · 1 Prise Cayennepfeffer

- Vorbereitungszeit: 30 Minuten
- Grillzeit: etwa 1 Stunde und 15 Minuten
- Geeignet für: Drehspieß vor Holzkohlenglut, Elektrogrill

So wird's gemacht: Das Hähnchen beziehungsweise die Poularde innen und außen unter fließendem kaltem Wasser abspülen. Mit Küchenpapier sorgfältig trockentupfen, dann innen und außen mit Salz und weißem Pfeffer würzen. • Die Zwiebel schälen und hacken, den Schinken in kleine Würfel schneiden. Die Petersilie waschen, trockenschwenken und feinhacken. Den Käse ebenfalls würfeln. Die Butter zerlassen und die gehackte Zwiebel unter Rühren darin anbraten. Die Schinkenwürfel zufügen und unter Rühren braun braten. In eine Schüssel geben und etwas abkühlen lassen. Dann mit der Petersilie und dem Käse mischen. Mit dem Cayennepfeffer pikant abschmecken. • Das Hähnchen oder die Poularde mit der Farce füllen und die Öffnung mit Küchengarn zunähen. Auf den Drehspieß stecken, Flügel und Schenkel befestigen. Vor der heißen Glut etwa 1 Stunde und 15 Minuten grillen.

Das paßt dazu: Krautsalat mit Speck (Rezept Seite 53) und frisches Bauernbrot

Variante: Poularde nach griechischer Art
100 g frischen Spinat blanchieren, abtropfen lassen und mit dem Wiegemesser grob zerkleinern. Den Spinat mit 50 g Schafkäse, 200 g gemischtem Hackfleisch, 1 Eßlöffel Sesam, 1 geschälten und gehackten Knoblauchzehe, 1 geschälten und gehackten kleinen Zwiebel sowie 1 Eigelb mischen. Den Fleischteig mit Salz und schwarzem Pfeffer pikant abschmecken. 1 Poularde von etwa 1500 g wie oben beschrieben vorbereiten und innen und außen salzen. Die Poularde mit der Farce füllen und die Öffnung mit Küchengarn zunähen. Auf den Drehspieß stecken und vor der heißen Holzkohlenglut etwa 1 Stunde und 30 Minuten grillen.

Variante: Köstlich schmeckt ein Hähnchen vom Spieß auch, wenn Sie es nur mit ½ unbehandelten Zitrone und 1 Sträußchen Petersilie füllen.

Knoblauchhähnchen

1 Brathähnchen oder 1 Poularde von 1200 g · Salz · 6 Knoblauchzehen · 3 Eßl. geschmacksneutrales Öl · 1 Teel. Zitronensaft · 1 Tütchen Safran

- Vorbereitungszeit: 20 Minuten
- Grillzeit: 20–30 Minuten
- Geeignet für: Holzkohlenrost, Elektrogrill

So wird's gemacht: Das Brathähnchen beziehungsweise die Poularde unter fließendem kaltem Wasser abspülen und trockentupfen. Mit der Geflügelschere in 6 Teile zerlegen. Alle Teile mit

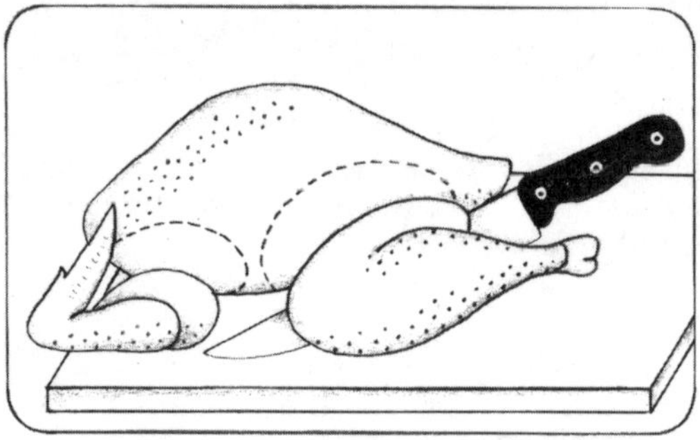

Beim Tranchieren trennt man Keulen und Flügel im oberen Gelenk ab. Der Rumpf wird längs halbiert.

Salz bestreuen. Die Knoblauchzehen schälen und mit dem Öl sowie dem Zitronensaft im Mixer pürieren. Den Safran in einem Mörser fein zerreiben und unter das Knoblauchöl mischen. • Die Geflügelteile auf den heißen, mit Alufolie bespannten Holzkohlenrost legen und bei starker Hitze 10 Minuten grillen, dann während der restlichen Grillzeit häufig mit dem Knoblauchöl bestreichen. Die Bruststücke sind in etwa 20 Minuten gar, die anderen Stücke brauchen etwa 30 Minuten.

Das paßt dazu: Gemüsesalat (Rezept Seite 54) und frisches Stangenweißbrot

Variante: Gewürztes Hähnchen
1 Brathähnchen von etwa 1200 g wie oben beschrieben vorbereiten und zerlegen. 1 Eßlöffel Stachelbeermarmelade mit 1 Eßlöffel Sojasauce, dem Saft von ½ Zitrone, 1 Teelöffel englischem Senfpulver sowie 2 gehackten kandierten Ingwerpflaumen mischen. 1 Eßlöffel Olivenöl untermischen. Die Hähnchenteile auf den heißen, mit Alufolie bespannten Holzkohlenrost legen und bei starker Hitze 20–30 Minuten grillen, dabei in den letzten 10 Minuten mit der Glasur bepinseln.

Mein Tip Den richtigen Gargrad von Geflügel können Sie auch ohne Fleischthermometer erkennen: Stechen Sie mit einem Holzstäbchen in die dickste fleischige Stelle. Wenn klarer Saft austritt, ist das Geflügel gar.

Knusperkeulchen

Zutaten für 6 Personen:
18 Hähnchenkeulen · Salz · frisch gemahlener schwarzer Pfeffer · 3 verschiedene Glasuren, zum Beispiel Ananasglasur, scharfe Apfelglasur, Tomatenglasur (Rezepte Seite 41)

- Vorbereitungszeit: 40 Minuten
- Grillzeit: 15–20 Minuten
- Geeignet für: Holzkohlenrost

So wird's gemacht: Die Hähnchenkeulen mit Küchenpapier trockentupfen. Mit Salz und schwarzem Pfeffer einreiben. Die Glasuren zubereiten. • Die Hähnchenkeulen auf den mit

Mein Tip Hähnchenkeulen sind oft preiswert zu haben. Sie sollten jedoch auch hier auf gute Qualität achten und blasses, wäßriges Fleisch zurückweisen.

Alufolie bespannten heißen Holzkohlenrost legen und bei starker Hitze unter häufigem Wenden 15–20 Minuten grillen. Dabei immer wieder mit einer der Glasuren bestreichen.

Das paßt dazu: frisches Stangenweißbrot oder Bauernbrot mit Butter und gemischter Salat

Putenkeulen vom Rost

Putenkeulen werden meist getrennt als Ober- und Unterschenkel angeboten. Für dieses Rezept können Sie beides nehmen, ebenso die preiswerten Putenflügel.

2 Putenoberkeulen von je etwa 500 g · Salz · 2 Eßl. gefriergetrockneter grüner Pfeffer · 1 Eßl. getrockneter Oregano · 4 Eßl. kaltgepreßtes Olivenöl

- Vorbereitungszeit: 5 Minuten
- Grillzeit: etwa 1 Stunde
- Geeignet für: Holzkohlenrost, Elektrogrill

So wird's gemacht: Die Putenkeulen mit Salz einreiben und auf den heißen Holzkohlenrost legen. Etwa 1 Stunde von beiden Seiten bei starker Hitze grillen. • Inzwischen den grünen Pfeffer im Mörser grob zerreiben und mit dem getrockneten Oregano sowie dem Olivenöl mischen. Die Putenkeulen während der letzten 30 Minuten Grillzeit häufig mit dem gewürzten Öl bepinseln.

Das paßt dazu: gegrillte Austernpilze (Rezept Seite 49) und frisches Stangenweißbrot

Variante: Putenkeulen mit Tomatenglasur
2 Putenkeulen (Ober- und Unterschenkel) von allen Seiten mit Salz und frisch gemahlenem schwarzem Pfeffer einreiben. Etwa 1 Stunde grillen. Während der letzten 15 Minuten häufig mit Tomatenglasur (Rezept Seite 41) bestreichen.

Variante: Knusprige Putenflügel
4 Putenflügel von je etwa 400 g salzen, mit zerlassener Butter bepinseln und 40 Minuten grillen, dabei einige Male wenden. Inzwischen die exotische Glasur (Rezept Seite 42) zubereiten. Die Putenflügel während der letzten 10 Minuten Grillzeit häufig mit dieser Glasur bestreichen.

Variante: Gebeizte Putenflügel
4 Putenflügel von je etwa 400 g mindestens 3 Stunden in der Weißweinbeize (Rezept Seite 39) ziehen lassen. Die Putenflügel dann mit Küchenpapier trockentupfen und mit Salz einreiben. Unter häufigem Wenden 40–50 Minuten grillen.

Putenrollbraten

1 kg Putenbrust · Salz · frisch gemahlener schwarzer Pfeffer · 6 Blätter frischer Salbei · 200 g Hackepeter (gewürztes Hackfleisch) · 50 g fetter Speck in dünnen Scheiben

- Vorbereitungszeit: 15 Minuten
- Grillzeit: etwa 40 Minuten
- Geeignet für: Drehspieß vor Holzkohlenglut, Elektrogrill

So wird's gemacht: Die Putenbrust mit Küchenpapier trockentupfen. Das Fleisch mit einem scharfen Messer quer so weit einschneiden, daß es sich aufklappen läßt. Die Putenbrust von beiden Seiten salzen und mit Pfeffer bestreuen, dann mit der aufgeklappten Seite nach oben auf eine Arbeitsfläche legen. • Die Salbeiblättchen waschen und trockentupfen. Die Putenbrust zuerst mit den Salbeiblättchen belegen, dann mit dem Hackepeter bestreichen. Das Fleisch aufrollen, mit den Speckscheiben umhüllen und mit Küchengarn zum Rollbraten wickeln. • Den Rollbraten auf dem Drehspieß befestigen und vor der heißen Holzkohlenglut etwa 40 Minuten grillen. Vor dem Tranchieren, in Alufolie gewikkelt, 10 Minuten ruhen lassen.

Mein Tip Putenfleisch ist ziemlich geschmacksneutral und verträgt deshalb kräftige Würzmischungen und pikante Füllungen. An Gewürzen und Kräutern eignen sich besonders gut: Cayennepfeffer, Curry, Ingwer, Estragon, Liebstöckel, Majoran, Oregano, Rosmarin, Salbei, Thymian und Zitronenmelisse.

Das paßt dazu: Gemüsesalat (Rezept Seite 54) und frisches Stangenweißbrot

Variante: Putenrollbraten extrascharf
1 kg Putenbrust wie oben beschrieben vorbereiten und einschneiden. 2 Teelöffel Öl mit 1 kräftigen Prise Cayennepfeffer verrühren und das Fleisch von allen Seiten damit bepinseln. 100 g durchwachsenen Speck würfeln, mit 1 geschälten und gehackten kleinen Zwiebel sowie 1 Eßlöffel Meerrettichsenf mischen. Die Putenbrust mit dieser Farce bestreichen, das Fleisch aufrollen, mit 50 g fettem Speck in Scheiben umwickeln und mit Küchengarn zum Rollbraten binden. Den Braten auf dem Drehspieß vor der heißen Holzkohlenglut wie oben grillen.

Ente am Spieß

Zutaten für 4–5 Personen:
1 Jungmastente von etwa 2200 g · Salz · frisch gemahlener schwarzer Pfeffer · 1 Zweig frischer Beifuß

- Vorbereitungszeit: 20 Minuten
- Grillzeit: etwa 2 Stunden
- Geeignet für: Drehspieß vor Holzkohlenglut, Elektrogrill

So wird's gemacht: Die Ente innen und außen unter fließendem kaltem Wasser abspülen und mit Küchenpapier abtrocknen. Abstehendes Fett entfernen. Die Ente innen und außen mit Salz und Pfeffer einreiben. Den Beifuß in den Bauch der Ente legen. • Die Ente so auf den Drehspieß stecken, daß sie sich gleichmäßig drehen kann. Flügel und Keulen befestigen. Den Spieß in etwa 15 cm Entfernung vor der heißen Holzkohlenglut einhängen. Die Ente unter häufigem Beschöpfen mit dem herabtropfenden Fett etwa 2 Stunden grillen.

Das paßt dazu: Krautsalat mit Speck (Rezept Seite 53) und frisches Stangenweißbrot

Variante: Gefüllte Ente
1 Jungmastente von etwa 2 kg wie oben beschrieben vorbereiten. Mit Salz und frisch gemahlenem schwarzem Pfeffer einreiben. Für die Füllung 200 g säuerliche Äpfel schälen, vierteln, entkernen und in kleine Würfel schneiden.
5 Lauchzwiebeln/Frühlingszwiebeln waschen, putzen und in dünne Scheiben schneiden, dabei einen Teil des Zwiebelgrüns mitverwenden. Etwa 7 kleine Zweige frischen Majoran waschen, trokkentupfen und die Blätter von den Stielen streifen. Leber, Herz und Magen der Ente feinschneiden. 1 Eßlöffel Butter in einer Pfanne schmelzen. Die Apfelwürfel, die Zwiebelscheiben, den Majoran und die Innereien der Ente zugeben und unter Rühren etwa 5 Minuten durchschmoren. Mit Salz und frisch gemahlenem weißem Pfeffer würzen. Die Füllung etwas abkühlen lassen, dann in die Ente geben. Beide Öffnungen der Ente mit Küchengarn zunähen. Die Ente auf den Drehspieß stecken und wie oben beschrieben 2 Stunden grillen.

Mein Tip Falten Sie eine Auffangschale aus extrastarker Alufolie, wenn Sie Geflügel am Drehspieß grillen. Mit dem herabtropfenden Fett können Sie das Geflügel beschöpfen. Erkaltet schmeckt Entenschmalz köstlich auf knusprig-frischem Bauernbrot.

Große Braten

Größere Fleischstücke, die drei und mehr Personen satt machen, können Sie auf zweierlei Arten grillen: entweder am Spieß (Rollbraten, Keulen) oder auf dem Rost (Riesensteaks, Filet von Schwein und Kalb). Bei beiden Methoden jedoch ist die Hitze so zu regulieren, daß das Grillgut durchgaren kann, bevor die Oberfläche zu stark bräunt. Beim Elektrogrill funktioniert dies problemlos, beim Holzkohlenrost dagegen müssen Sie den Braten überwachen, damit Sie unter Umständen rasch eingreifen können. Notfalls umwickeln Sie den Braten mit Alufolie, hängen den Spieß weiter von der Glut entfernt ein oder stellen den Rost höher.

Beim Spießbraten ist schon die Vorbereitung wichtig für ein gutes Gelingen. Am besten eignen sich selbstverständlich gleichmäßig geformte Fleischstücke. Abstehende Teile schneiden Sie weg, Rollbraten binden Sie so mit Küchengarn, daß er sich im Gleichgewicht am Spieß befestigen läßt und richtig drehen kann. Vergessen Sie auch nicht die beiden Spießgabeln rechts und links, die dem Braten Halt geben. Wollen Sie eine ganze Keule grillen, so führen Sie den Spieß dicht neben dem Knochen durch das Fleisch. Die Keule umwickeln Sie ebenfalls so mit Garn, daß sie sich gleichmäßig dreht und stecken anschließend die Spießgabeln fest ins Fleisch. Ein Dressierkorb (siehe Seite 32) leistet hier übrigens gute Dienste.

Jeden Spießbraten grillen Sie mit senkrecht gestelltem Glutkorb, sonst gerät das herabtropfende Fett in Brand. Falten Sie aus Alufolie eine Auffangschale, in der sich das Fett und der Fleischsaft sammeln können. Während das Fleisch gart, kann man Weißbrotstückchen auf lange Fonduegabeln spießen und den Bratensaft damit auftunken. Apropos Fett: Bitte entfernen Sie es niemals vor dem Grillen, denn Fett gehört nun mal zum Fleisch. Es ist ein wichtiger Aromaträger und schützt das Fleisch zudem vor dem Austrocknen. Rollbraten wickeln Sie deshalb grundsätzlich so, daß die Fettschicht nach außen zeigt. Mageres Fleisch, wie zum Beispiel Kalb, sollten Sie mit Speckscheiben umwickeln oder während des Grillens häufig mit (gewürztem) Öl bestreichen.

Die Temperatur im Innern des Bratens und damit auch den richtigen Gargrad können Sie mit Hilfe eines Fleischthermometers (siehe unten) messen. Stecken Sie es in die dickste Stelle des Bratens, jedoch nicht direkt neben den Knochen.

Die Gargrade: Lamm- und Rindfleisch,
blutig: 45°, rosa: 60°, durchgegart: 80°
Schweinefleisch: 85°
Kalbfleisch: 75°.

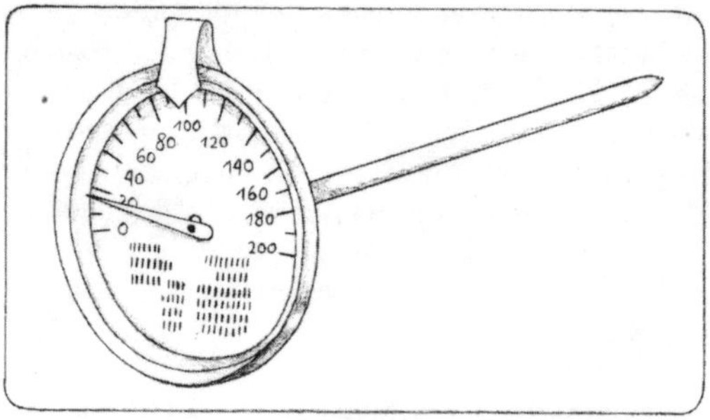

Das Fleischthermometer ist nicht nur beim Grillen nützlich. Man kann es auch im Herd verwenden.

Nach dem Grillen lassen Sie jeden Braten, auch die großen Steaks, in Alufolie gewickelt und fern von der Glut, 10–15 Minuten ruhen, damit sich der Fleischsaft verteilen kann und nicht beim Tranchieren verlorengeht.

Knusprige Schweinshaxe

Manche Leute finden, das beste an einer Schweinshaxe sei die Kruste. Bitten Sie deshalb Ihren Metzger, die Schwarte der Haxe rautenförmig einzuschneiden, denn dazu braucht man Geduld und vor allem ein scharfes Messer.

Zutaten für 6 Personen:
2 Schweinehinterhaxen (je etwa 1 kg) · Salz · frisch gemahlener schwarzer Pfeffer · 1 Teel. Kümmel · 1 Eßl. geschmacksneutrales Öl

- Vorbereitungszeit: 10 Minuten
- Grillzeit: etwa 2 Stunden
- Geeignet für: Drehspieß vor Holzkohlenglut, Elektrogrill

So wird's gemacht: Die Schweinshaxen von allen Seiten mit Salz und Pfeffer einreiben. Den Kümmel mit einem Messerrücken leicht zerdrükken und mit dem Öl mischen. • Die Schweinshaxen auf den Drehspieß stecken und mit den Spießgabeln so festklemmen, daß sie sich gleichmäßig drehen können. Die Haxen vor der mittelheißen Glut etwa 2 Stunden grillen. Dabei häufig mit dem Kümmelöl bepinseln.

Das paßt dazu: Kartoffelsalat mit Gurke und Borretsch (Rezept Seite 52) oder Krautsalat (Rezept Seite 53) und Stangenweißbrot

Variante: Schweinshaxe mit Bier
Die Schwarte von 2 Schweinshaxen (je etwa 1 kg) vom Metzger rautenförmig einschneiden lassen. 1 Handvoll gemischte Kräuter wie zum Beispiel Sauerampfer, Pimpinelle, Petersilie und Zitronenmelisse waschen, trockenschwenken und grobhacken. Die Kräuter mit 4 geschälten, zerdrückten Knoblauchzehen, 1 Teelöffel zerdrückten grünen Pfefferkörnern sowie 1 Flasche (0,5 l) dunklem, würzigem Bier (zum Beispiel Guiness oder Münchner Alt) mischen. Die Haxen in dieser Beize mindestens 6 Stunden ziehen lassen. Dann die Schweinshaxen mit Küchenpapier trockentupfen. Mit Salz und frisch gemahlenem schwarzem Pfeffer würzen. Die Haxen auf dem Drehspieß befestigen und vor der mittelheißen Holzkohlenglut wie oben grillen. Die Beize durch ein Sieb gießen, die Kräuter dabei mit einem Holzlöffel auspressen. Die Haxen während des Grillens häufig mit der Beize bepinseln.

Schweinebraten mit Senfglasur

1 kg Schweinenacken · Salz · 1 gehäufter Eßl. englisches Senfpulver · 1 Eßl. kaltes Wasser · ¼ Teel. gemahlener Koriander · 1 Teel. geschmacksneutrales Öl

- Vorbereitungszeit: 5 Minuten
- Grillzeit: etwa 1 Stunde und 15 Minuten
- Geeignet für: Drehspieß vor Holzkohlenglut, Elektrogrill

So wird's gemacht: Den Schweinenacken mit Salz einreiben und auf den Drehspieß stecken. Vor der heißen Holzkohlenglut etwa 1 Stunde und 15 Minuten grillen. • Während das Fleisch grillt, die Glasur bereiten. Das Senfpulver mit dem kalten Wasser glattrühren. Es dürfen keine Klümpchen mehr vorhanden sein. Den Koriander und das Öl untermischen. • Den Schweinebraten während der letzten 15 Minuten Grillzeit häufig rundherum mit der Glasur bestreichen. Vom Spieß nehmen und vor dem Tranchieren 15 Minuten in Alufolie ruhen lassen.

Das paßt dazu: Kartoffelsalat mit Kresse (Rezept Seite 53)

Variante: Süß-scharfer Schweinebraten
1 kg Schweinenacken mit Salz einreiben, auf den Drehspieß stecken und wie oben grillen. Inzwischen für die Glasur 2 Eßlöffel Honig mit 1 Eßlöffel Preiselbeermarmelade, 2 Eßlöffeln Sojasauce, 1 Eßlöffel eingelegten, zerdrückten grünen Pfefferkörnern und 2 geschälten, zerdrückten Knoblauchzehen mischen. Die Glasur unter ständigem Rühren etwas erwärmen, damit sie sich besser streichen läßt. Den Schweinenacken während der letzten 15 Minuten Grillzeit immer wieder mit dieser Glasur bepinseln. Dabei darauf achten, daß das Fleisch nicht verbrennt. Den Grillspieß gegebenenfalls weiter von der Glut entfernt einhängen.

Variante: Gewürzter Schweinebraten
Die Schwarte von 1 kg durchwachsenem Schweinebauch mit einem scharfen Messer rautenförmig einschneiden. Das Fleisch von allen Seiten mit Salz einreiben. 2 Eßlöffel bittere Orangenmarmelade mit dem Saft von 1 Zitrone und 1 Eßlöffel Orangenlikör im Mixer pürieren. 1 kräftige Prise Cayennepfeffer und ½ Teelöffel Currypulver untermischen. Den Schweinebauch auf der Fleischseite dünn mit dieser Mischung bestreichen, aufrollen und mit Küchengarn zum Rollbraten binden. Das Fleisch auf den Drehspieß stecken und vor der heißen Holzkohlenglut etwa 1 Stunde garen. Während der letzten 15 Minuten Grillzeit den Braten immer wieder mit der restlichen gewürzten Orangenmarmelade bestreichen.

Kräuterrollbraten

Bild Seite 48

Am besten schmeckt dieser Schweinerollbraten, wenn Sie Wildkräuter und Gartenkräuter für die Füllung verwenden. Doch auch mit reichlich Petersilie ist er schon ein Genuß.

Zutaten für 8 Personen:
3 kg durchwachsener, roher Schweinebauch · Salz · frisch gemahlener schwarzer Pfeffer · 1 Eßl. Estragonessig · 150 g Wildkräuter und Gartenkräuter gemischt, zum Beispiel Sauerampfer, Vogelmiere, Gundermann, Zitronenmelisse, Majoran, Thymian · ½ Bund Petersilie · 5 Knoblauchzehen · 4 Schalotten oder 2 kleine Zwiebeln · 150 g Pinienkerne · 2 Eßl. kaltgepreßtes Olivenöl

- Vorbereitungszeit: 30 Minuten
- Grillzeit: etwa 1 Stunde und 15 Minuten
- Geeignet für: Drehspieß vor Holzkohlenglut, Elektrogrill

So wird's gemacht: Die Schwarte des Schweinebauchs rautenförmig einschneiden (auf Wunsch macht das Ihr Metzger). Das Fleisch von allen Seiten mit Salz und schwarzem Pfeffer einreiben.

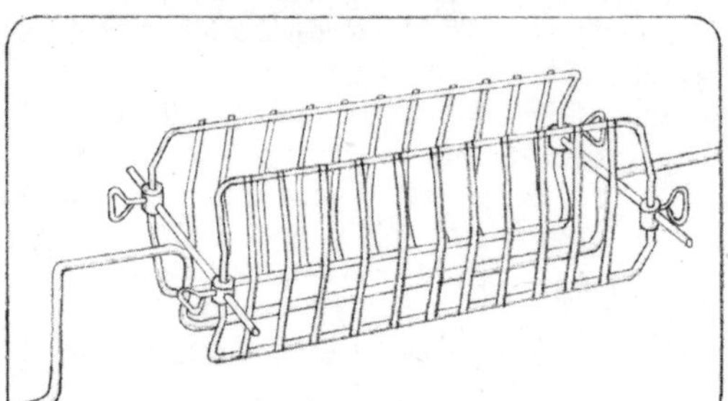

Im Dressierkorb kann ein ungleichgewichtiger Braten problemlos dressiert werden.

Die fettlose Seite mit dem Estragonessig bestreichen. • Die Wildkräuter, die Gartenkräuter und die Petersilie unter fließendem kaltem Wasser gründlich abspülen und sorgfältig trockenschwenken. Die Knoblauchzehen und die Schalotten beziehungsweise die Zwiebeln schälen. Alle Kräuter, die Knoblauchzehen, die Schalotten oder Zwiebeln sowie die Pinienkerne im Mixer grob zerkleinern. Mit dem Olivenöl, Salz und frisch gemahlenem Pfeffer zu einer streichfähigen Paste mischen. Eventuell noch etwas Öl zugeben. • Die Paste gleichmäßig auf der fettlosen Seite des Schweinebauchs verteilen. Das Fleisch aufrollen und mit Küchengarn zum Rollbraten binden. • Den Kräuterrollbraten auf den Drehspieß des Holzkohlengrills stecken und vor der Glut in etwa 1 Stunde und 15 Minuten knusprig braun grillen. Sollte der Braten zu schnell bräunen, nimmt man den Spieß vom Grill, wickelt das Fleisch in Alufolie und grillt dann fertig.

Das paßt dazu: frisches Bauernbrot oder Kartoffelsalat mit Gurke und Borretsch (Rezept Seite 52)

Variante: Gefüllte Kalbsrolle
1 kg Kalbfleisch aus der Flanke wenn nötig von Sehnen und Häuten befreien und mit dem Handballen etwas flachdrücken. 1 Handvoll frische Thymianzweige mit Stielen und Blüten sowie 3 geschälte Knoblauchzehen im Mixer feinhacken. Dann mit 150 g Frischkäse verrühren. Das Kalbfleisch mit der Fettseite nach unten auf eine Arbeitsplatte legen und mit der Frischkäsepaste bestreichen. Von der dünnen Seite her aufrollen und mit Küchengarn zum Rollbraten verschnüren. Das Fleisch außen salzen und mit weißem Pfeffer bestreuen, auf den Drehspieß stecken und wie oben grillen.

Ochsenkotelett mit Zwiebeln

Bild Seite 37

1 Ochsenkotelett von etwa 1200 g · 1 kg Gemüsezwiebeln · ½–1 getrocknete Chilischote · 2 Eßl. kaltgepreßtes Olivenöl · Salz · frisch gemahlener schwarzer Pfeffer

- Vorbereitungszeit: 15 Minuten
- Marinierzeit: etwa 6 Stunden
- Grillzeit: 20–30 Minuten
- Geeignet für: Holzkohlenrost, Elektrogrill

So wird's gemacht: Das Ochsenkotelett mit Küchenpapier sorgfältig trockentupfen. Die Zwiebeln schälen und im Mixer grobhacken. Die Chilischote zwischen den Fingern zerreiben und mit den Zwiebeln mischen. Die Hälfte der Zwiebeln in eine tiefe Schale geben, die etwas größer sein soll als das Ochsenkotelett. Das Fleisch darauflegen, mit den restlichen Zwiebeln bedecken und, mit Klarsichtfolie bedeckt, im Kühlschrank mindestens 6 Stunden marinieren. • Die Zwiebelwürfel mit dem Messerrücken vom Fleisch streifen. Das Kotelett auf den heißen Rost über die mittelheiße Holzkohlenglut legen und von einer

Mein Tip Die Zwiebeln, in denen Sie das Ochsenkotelett gebeizt haben, können Sie noch mit zerdrückten Knoblauchzehen, pürierten Tomaten, etwas Rotwein, Öl und Gewürzen nach Geschmack zu einer sämigen Sauce einkochen und zum Fleisch servieren. Als weitere Beilage reichen Sie dann nur knuspriges Stangenweißbrot.

Seite je nach Fleischdicke 10–15 Minuten grillen. Umdrehen, mit Öl bestreichen, mit Salz und Pfeffer bestreuen und fertiggrillen; dabei noch einmal mit dem Öl bepinseln.

Das paßt dazu: Folienkartoffeln und Kräuterremoulade (Rezept Seite 43)

Variante: Porterhouse Steak in Kräuterbeize
Bild Umschlag-Vorderseite
1 Porterhouse Steak von etwa 800 g mit Küchenpapier trockentupfen. 2 Knoblauchzehen schälen, durch die Knoblauchpresse drücken, mit 2 Eßlöffeln Zitronensaft und ⅛ l geschmacksneutralem Öl mischen. Das Fleisch mit 3 Zweigen Rosmarin einlegen. Mindestens 4 Stunden zugedeckt ziehen lassen. Dann das Steak pro Seite 7–10 Minuten grillen, dabei häufig mit der Beize bestreichen. Zum Schluß salzen und mit frisch gemahlenem schwarzem Pfeffer würzen.

Roastbeef

Wenn Sie einen ausreichend großen Holzkohlenrost besitzen, können Sie Roastbeef und Folienkartoffeln gleichzeitig garen. Mit frischer Kräuterbutter serviert ist dies ein unkompliziertes Gericht für Feinschmecker.

Zutaten für 4–6 Personen:
1 kg Roastbeef · 1 Eßl. schwarze Pfefferkörner · 3 Eßl. geschmacksneutrales Öl · Salz

- Vorbereitungszeit: 5 Minuten
- Grillzeit: 30–40 Minuten
- Geeignet für: Holzkohlenrost, Elektrogrill

So wird's gemacht: Das Roastbeef mit einem feuchten Tuch abreiben. Die Fettschicht des Fleisches mit einem scharfen Messer rautenförmig einritzen. Die Pfefferkörner im Mörser grob zerstoßen und das Roastbeef von allen Seiten mit dem Pfeffer einreiben. Das Fleisch auf der fettlosen Seite mit dem Öl bestreichen. • Den heißen Holzkohlenrost mit Alufolie bespannen und das Roastbeef mit der Fettseite nach oben darauflegen. Bei mittlerer bis starker Hitze 30–40 Minuten grillen. • Das gegrillte Roastbeef in Alufolie wickeln und vor dem Anschneiden 15 Minuten ruhen lassen. Die Fleischscheiben vor dem Servieren mit grobem Salz, möglichst aus der Mühle, bestreuen.

Das paßt dazu: Folienkartoffeln, gegrillte Tomaten und Kräuterbutter (Rezept Seite 43)

Mein Tip Wenn Sie Roastbeef über der Holzkohlenglut grillen wollen, so können Sie es, wie in unseren Rezepten, auf den Rost legen oder in den Dressierkorb geben und vor der Glut garen. Auf den Drehspieß sollten Sie das zarte Fleisch nicht stecken.

Variante: Roastbeef auf provenzalische Art
1 kg Roastbeef wie oben vorbereiten und mit grob geschrotetem Pfeffer bestreuen. 3 Eßlöffel kaltgepreßtes Olivenöl mit 1 Eßlöffel getrockneter provenzalischer Kräutermischung verrühren und 10 Minuten ziehen lassen. Das Kräuteröl dann auf die Fettseite des Fleisches streichen und das Roastbeef wie oben grillen.

Variante: Roastbeef mit Käsekruste
1 kg Roastbeef wie oben vorbereiten, mit grob gemahlenem schwarzem Pfeffer bestreuen und auf den heißen Holzkohlenrost legen. Bei mittlerer bis starker Hitze 20–30 Minuten grillen (die Garzeit hängt davon ab, ob Sie das Fleisch blutig oder rosa mögen). Inzwischen 50 g Frischkäse mit 1 Eßlöffel geriebenem Parmesankäse, 1 ge-

schälten, zerdrückten Knoblauchzehe und 1 Eßlöffel getrocknetem Rosmarin mischen. Das Roastbeef nach der oben angegebenen Grillzeit wenden, die Käsepaste auf die fettlose Seite streichen und das Fleisch in weiteren 10–20 Minuten fertiggrillen.

Gefülltes Rinderfilet

1 Stück Rinderfilet von etwa 750 g · 1 Schalotte oder 1 kleine Zwiebel · ½ Bund Petersilie · 100 g frische Waldpilze, zum Beispiel Maronenröhrlinge, Pfifferlinge, Steinpilze oder Butterpilze · 1 Eßl. Butter · 2 Eßl. Crème fraîche · Salz · frisch gemahlener weißer Pfeffer · 4 Eßl. geschmacksneutrales Öl

- Vorbereitungszeit: 20 Minuten
- Grillzeit: etwa 30 Minuten
- Geeignet für: Holzkohlenrost, Elektrogrill

So wird's gemacht: Das Filet wenn nötig häuten und mit einem scharfen Messer längs so einschneiden, daß man es aufklappen kann. Die Schalotte oder die Zwiebel schälen und feinhakken. Die Petersilie unter fließendem kaltem Wasser abspülen, trockenschwenken und ebenfalls feinhacken. Die Pilze putzen, nur ganz kurz waschen und in Scheiben schneiden (bei Maronenröhrlingen oder Butterpilzen auch die Huthaut sowie die Röhren entfernen, da beides die Pilzfüllung zu feucht machen würde). • Die Butter in einer Pfanne schmelzen und die gehackte Schalotte beziehungsweise Zwiebel unter Rühren anbraten, jedoch keinesfalls braun werden lassen. Die Petersilie und die Pilze zugeben und kurz durchschmoren. Die Crème fraîche zufügen und das Ganze unter ständigem Rühren so lange einkochen, bis alle Flüssigkeit verdampft ist. Die Farce mit Salz und weißem Pfeffer abschmekken. • Die Pilzfarce in das Filet streichen, das Fleisch wieder zusammenklappen und mit Küchengarn umwickeln. Das gefüllte Filet auf den heißen Holzkohlenrost legen und bei mittlerer Hitze etwa 30 Minuten garen. Dabei zweimal wenden und häufig mit dem Öl bepinseln. • Das Fleisch nach dem Grillen salzen, in Alufolie wikkeln und vor dem Aufschneiden 10 Minuten ruhen lassen.

Das paßt dazu: Knoblauchbrot (Rezept Seite 51) oder Folienkartoffeln und gemischter Salat.

Lammkeule

Zutaten für 6–8 Personen:
1 Lammkeule von etwa 3 kg · 6 Knoblauchzehen · ⅛ l kaltgepreßtes Olivenöl · 1 Eßl. schwarze Pfefferkörner · 3 Zweige frischer Rosmarin · 3 Zweige frischer Thymian · 5 Lorbeerblätter · Salz

- Vorbereitungszeit: 10 Minuten
- Marinierzeit: 24 Stunden
- Grillzeit: etwa 1 Stunde und 30 Minuten
- Geeignet für: Drehspieß vor Holzkohlenglut, Elektrogrill

So wird's gemacht: Die Lammkeule mit einem feuchten Küchentuch abreiben. Die Knoblauchzehen schälen, durch die Knoblauchpresse drükken und mit dem Olivenöl mischen. Die Pfefferkörner in einem Mörser grob zerstoßen. • Die Keule von allen Seiten mit dem grob zerstoßenen Pfeffer bestreuen. Den Pfeffer dabei mit dem Handballen etwas in das Fleisch drücken. Die Keule in ein tiefes, ausreichend großes Porzellangefäß geben und mit den Rosmarin- und Thymianzweigen sowie den Lorbeerblättern belegen. Mit dem Knoblauchöl bestreichen. Das Fleisch mit Alufolie bedecken und im Kühlschrank 24 Stunden marinieren. • Den Holzkohlengrill etwa 1 Stunde vor Grillbeginn anheizen. Die Lammkeule aus der Marinade nehmen, dabei die anhaftenden Kräuter und das Knoblauchöl mit einem Messerrücken abstreifen. Die Rosmarin- und Thymianzweige sowie die Lorbeerblätter wegwerfen, das Knoblauchöl neben dem Grill bereitstellen. • Die Lammkeule so auf den Grillspieß stecken, daß sie sich gleichmäßig drehen kann. Den Spieß vor der senkrecht gestellten Glut einhängen. Das Fleisch während des Grillens immer wieder mit dem Knoblauchöl bepinseln. • Die Lammkeule – sie ist nach etwa 90 Minuten rosa gegrillt – von der Glut wegnehmen, jedoch auf dem Spieß stecken lassen. Die Keule in Alufolie wickeln und vor dem Tranchieren 10 Minuten ruhen lassen, damit sich der Fleischsaft im Innern gleichmäßig verteilen kann. Die Fleischscheiben vor dem Servieren salzen.

Das paßt dazu: Spinat im Päckchen (Rezept Seite 50) oder Salat von grünen Bohnen

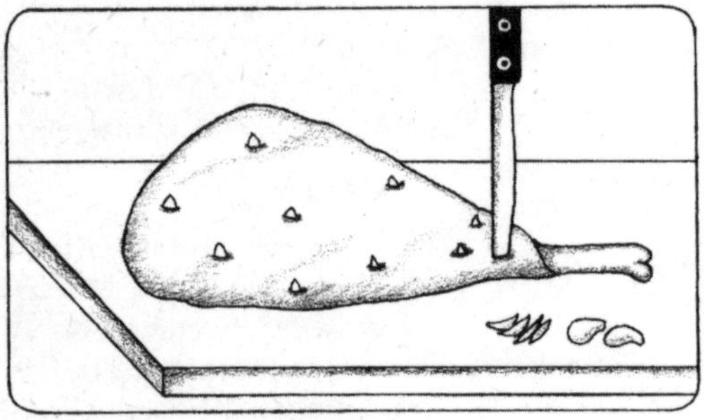

So wird die Lammkeule mit Hilfe eines spitzen Messers mit Knoblauch- und Möhrenstiften gespickt.

Variante: Lammkeule mit Möhrenstiften
1 Lammkeule von etwa 3 kg mit einem feuchten Tuch abreiben. 5 Knoblauchzehen schälen und der Länge nach in Stifte schneiden. 1 mittelgroße Möhre ebenfalls schälen und in 2 cm lange, etwas mehr als streichholzdicke Stifte schneiden. Die Lammkeule entlang dem Knochen sowie jeweils zwischen zwei Muskelfasern mit Knoblauch- und Möhrenstiften spicken. Das Fleisch mit Olivenöl bepinseln und auf dem Drehspieß vor der Holzkohlenglut wie oben grillen. Dabei hin und wieder mit Öl bepinseln.

Mein Tip Das Befestigen einer Lammkeule am Spieß ist ziemlich schwierig. Wenn Sie häufig große Braten grillen, sollten Sie sich einen Grillkorb anschaffen, in dem auch ungleichgewichtige Fleischstükke gleichmäßig garen können.

Variante: Lammkeule mit Minze
1 Lammkeule von etwa 3 kg mit einem feuchten Tuch abreiben. 1 Handvoll Minzeblätter feinhakken, mit dem Saft von ½ Zitrone, 1 geschälten, zerdrückten Knoblauchzehe und ⅛ l Olivenöl mischen. Die Lammkeule von allen Seiten mit dem Kräuteröl bestreichen und in Alufolie mindestens 5 Stunden ruhen lassen. Dann die Kräuter mit einem Messerrücken abstreifen, das Fleisch auf den Drehspieß stecken und vor der heißen Holzkohlenglut wie oben grillen.

Für ein Ochsenkotelett brauchen Sie einen übergroßen Appetit oder 3 und mehr Personen, die alle davon satt werden können. Das Fleisch soll, um wirklich saftig zu sein, eine feine Fettkruste haben. Rezept Seite 33. ▷

Marinaden, Glasuren, Saucen

In Marinaden legt man Fisch oder Fleisch vor dem Grillen ein. Glasuren dagegen streicht man erst kurz vor Ende der Garzeit auf das Grillgut; sie bilden durch die Einwirkung der starken Hitze eine wohlschmeckende Kruste. Saucen und Buttermischungen schließlich reicht man als Ergänzung zu den meist fettarmen Grilladen. Ebenso sollten verschiedene Pfeffersorten und grobes Salz nicht fehlen.

Marinaden

Grillmarinaden oder -beizen, flüssige Würzmischungen auf der Grundlage von Zitronensaft oder Essig und Öl, verleihen dem Gegrillten ein spezielles Aroma und können es sogar zarter machen. Fleisch oder Fisch sollte mindestens 30 Minuten in der kalten (oder wieder erkalteten) Marinade ziehen. Während dieser Zeit stellt man das Grillgut zugedeckt in den Kühlschrank. Nach Ende der Marinierzeit streift man die Marinade und alle anhaftenden Gewürze oder Kräuter vom Grillgut und tupft es mit Küchenpapier sorgfältig trocken. Man kann die Grilladen während der letzten Minuten der Grillzeit auch mit der Marinade bepinseln; dies macht sie würziger und läßt sie besser bräunen.

Die angegebenen Mengen sind für 750 g Fleisch (ohne Knochen) oder Fisch, für 1 Poularde von etwa 1500 g oder für die entsprechende Menge anderer Geflügelteile berechnet.

◁ Mit Hacksteaks kann man wirklich jeden begeistern, ganz besonders dann, wenn man sie so raffiniert zubereitet wie im Rezept auf Seite 17.

Sehr pikant schmeckt dazu ein Salat aus weißen Bohnen, gewürfelten roten und grünen Paprikaschoten und Zwiebelringen, in einer Essig-Öl-Marinade angemacht.

Rotweinmarinade

¼ l trockenen Rotwein mit 2 Eßlöffeln Tomatenmark, 2 Teelöffeln scharfem Senf, der abgeriebenen Schale von 1 unbehandelten Zitrone und 4 Eßlöffeln kaltgepreßtem Olivenöl mischen. 2 geschälte Zwiebeln würfeln, 3 geschälte Knoblauchzehen hacken. Beides in die Marinade geben. 1 Zweig frischen Rosmarin waschen, trockenschwenken und ebenfalls in die Marinade legen.

Eignet sich für gegrillte Rindersteaks.

Weißweinbeize

¼ l trockenen Weißwein mit dem Saft von ½ Orange, 1 getrockneten, zerriebenen Chilischote, 2 Zweigen frischem Thymian und 4 Eßlöffeln kaltgepreßtem Olivenöl mischen.

Eignet sich für gegrillte Rindersteaks und Geflügelgrilladen.

Estragonmarinade

⅛ l trockenen Weißwein mit 4 Eßlöffeln Estragonessig, 1 geschälten, in Scheiben geschnittenen Schalotte, 1 Zweig frischem Estragon und 1 Lorbeerblatt aufkochen. Erkalten lassen und das Fleisch damit übergießen.

Eignet sich für gegrillte Rindersteaks.

Rote Beize

4 Eßlöffel Tomatenmark mit 1 Eßlöffel Weißweinessig, 4 Eßlöffeln trockenem Weißwein, 1 Eßlöffel Sojasauce, 1 Eßlöffel grob zerstoßenem grünem Pfeffer und 4 Eßlöffeln geschmacksneutralem Öl mischen.

Eignet sich für Geflügel- und Schweinefleischgrilladen.

Scharfe Marinade

⅛ l Sangrita picante mit 1 Eßlöffel Zitronensaft, der feingehackten Schale von ½ unbehandelten Zitrone, 2 Eßlöffeln Gin, 3 zerdrückten Wacholderbeeren, einigen Blättern frischer Zitronenmelisse und ⅛ l kaltgepreßtem Olivenöl mischen.

Eignet sich für gegrillte Rindersteaks.

Knoblauchmarinade

8 Knoblauchzehen schälen und durch die Knoblauchpresse drücken. 1 Eßlöffel grüne Pfefferkörner grob zerstoßen. 5 Blätter frische Minze feinhacken. Alle Zutaten mit dem Saft von 1 Zitrone und ⅛ l geschmacksneutralem Öl mischen.

Eignet sich für Lammgrilladen.

Senfbeize

1 geschälte kleine Zwiebel ganz fein hacken. 2 Sardellenfilets und 1 geschälte Knoblauchzehe hacken und zerdrücken. 1 Bund Petersilie waschen, trockenschwenken und feinhacken. Alle diese Zutaten mit 1 Eßlöffel scharfem Senf und 4 Eßlöffeln geschmacksneutralem Öl mischen. Das Fleisch von allen Seiten mit der Beize bestreichen und in Alufolie gewickelt ruhen lassen.

Eignet sich für Geflügel- und Kalbfleischgrilladen.

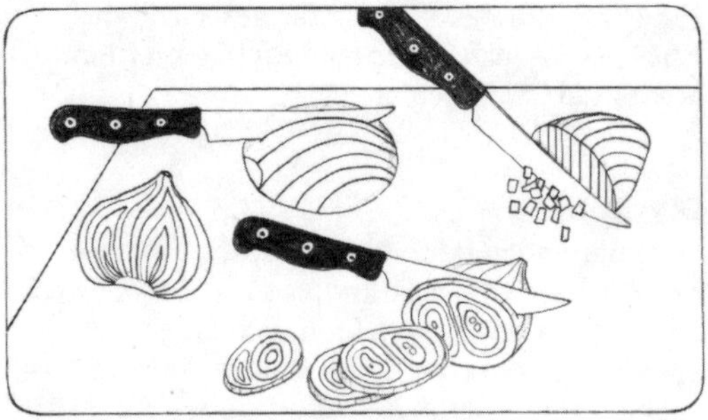

Für Zwiebelwürfel werden halbierte Zwiebeln zuerst senkrecht und dann quer geschnitten.

China-Beize

1 Stück frische Ingwerwurzel schälen und in Scheiben schneiden. 1 geschälte Knoblauchzehe hacken. Beide Zutaten mit 4 Eßlöffeln trockenem Sherry, 2 Eßlöffeln Sojasauce, 1 kräftigen Prise Cayennepfeffer und ⅛ l geschmacksneutralem Öl mischen.

Eignet sich für Geflügel- sowie Rind- und Schweinefleischgrilladen.

Glasuren

Sie werden mit zuckerhaltigen Zutaten angerührt. Sie bilden auf den Grilladen eine feine Kruste und lassen sie schnell bräunen. Da alle Glasuren leicht verbrennen, wird das Grillgut nur während der letzten 5–10 Minuten Garzeit damit bepinselt.

Die angegebenen Mengen reichen für einen großen Spießbraten (Geflügel oder Fleisch ohne Knochenanteil) oder 8–10 mittelgroße Würstchen oder auch 6–8 Fleischscheiben.

Ananasglasur

2 Eßlöffel Ananasraspel mit 2 Eßlöffeln Ananassaft (Dose) im Mixer pürieren. Mit 1 Eßlöffel trockenem Sherry, dem Saft von ½ Zitrone, je 1 Eßlöffel Sojasauce und geschmacksneutralem Öl sowie 1 geschälten, zerdrückten Knoblauchzehe mischen.

Eignet sich für Schweinefleischgrilladen, besonders Spareribs und Hähnchen oder Geflügelteile vom Grill.

Mein Tip Alle Glasuren können Sie, gut verschlossen, mindestens 10 Tage im Kühlschrank aufbewahren. Wenn Sie oft grillen, sollten Sie also verschiedene Glasuren auf Vorrat zubereiten.

Pflaumenglasur

Bild 3. Umschlagseite

Den Inhalt von ½ Glas Pflaumen (etwa 750 g), jedoch ohne den Saft, im Mixer pürieren. Mit 1 geschälten, zerdrückten Knoblauchzehe, 1 gestrichenen Teelöffel englischem Senfpulver, ¼ Teelöffel Cayennepfeffer, 2 Eßlöffeln Zitronensaft, je 1 Eßlöffel Balsamessig (ersatzweise 1 Eßlöffel Himbeeressig und 1 Teelöffel Honig) und Sojasauce sowie 2 Eßlöffeln Olivenöl mischen.

Eignet sich für Schweinefleischgrilladen, besonders Spareribs und Würstchen.

Johannisbeerglasur

Bild 2. Umschlagseite

2 Eßlöffel Johannisbeermarmelade mit 1 Eßlöffel Cumberland-Sauce (Fertigprodukt), 1 Eßlöffel scharfem Senf, ¼ Teelöffel Cayennepfeffer und 2 Eßlöffeln geschmacksneutralem Öl mischen.

Eignet sich für Rindfleischgrilladen und Würstchen.

Scharfe Apfelglasur

2 Eßlöffel Apfelgelee erwärmen und mit 1 Eßlöffel Calvados verrühren. 1 Eßlöffel Zitronensaft, einige Spritzer Tabascosauce, 1 Messerspitze Nelkenpfeffer, ¼ Teelöffel Zimt und 2 Eßlöffel geschmacksneutrales Öl untermischen.

Eignet sich für Rinder-, Schweine- und Geflügelgrilladen.

Tomatenglasur

4 Eßlöffel Tomatenketchup mit 2 Eßlöffeln Bienenhonig, 1 Eßlöffel Zitronensaft und 2 geschälten, zerdrückten Knoblauchzehen mischen. 1 Eßlöffel geschmacksneutrales Öl unterrühren.

Eignet sich für Geflügel und Würstchen.

Indische Glasur

2 Eßlöffel Mangochutney (Fertigprodukt) mit 1 kleinen, geschälten Zwiebel und 1 geschälten Knoblauchzehe im Mixer pürieren. 1 Teelöffel Gelbwurz (Kurkuma), ¼ Teelöffel Cayennepfeffer, 1 Teelöffel Zitronensaft, 1 kräftige Prise gemahlenen Kreuzkümmel und 4 Eßlöffel geschmacksneutrales Öl untermischen.

Eignet sich für Rindfleischgrilladen. Selbstverständlich können Sie Grillsaucen in den verschiedensten Geschmackskombinationen auch als Fertigprodukte kaufen. Wenn Sie mehr Zeit haben, sollten Sie Ihre Saucen selbst mixen. Solche Eigenschöpfungen schmecken nämlich besser, und Sie können sie auf die jeweiligen Grilladen abstimmen.

Exotische Glasur

1 Teelöffel Currypulver mit je 1 Eßlöffel japanischer Sojasauce, Zitronensaft und Ingwersirup (von eingelegtem Ingwer) verrühren. 3 Eßlöffel Erdnußöl untermischen.

Eignet sich für Schweinefleisch- und Geflügelgrilladen.

Saucen

Selbstverständlich können Sie Grillsaucen in den verschiedensten Geschmackskombinationen auch als Fertigprodukte kaufen. Wenn Sie mehr Zeit haben, sollten Sie Ihre Saucen selbst mixen. Solche Eigenschöpfungen schmecken nämlich besser.

Sauce béarnaise

Je 2 Eßlöffel Estragonessig und trockenen Weißwein mit 1 Eßlöffel feingehackten Schalotten und 2 Teelöffeln getrocknetem Estragon in einem Topf so lange einkochen, bis etwa 2 Eßlöffel Flüssigkeit übrig bleiben. Diese Essenz durch ein Haarsieb gießen, die Kräuter dabei ausdrücken. 175 g Butter bei schwacher Hitze zerlassen, ohne daß sie braun wird. Die Estragonessenz und die Butter warm halten. 3 Eigelbe mit 1 Eßlöffel Zitronensaft im Wasserbad schlagen, bis die Masse dick wird. Tropfenweise und unter ständigem Rühren die zerlassene Butter zugießen, allerdings ohne die Molke, die sich am Boden gesammelt hat. Zum Schluß die Estragonessenz sowie Salz und frisch gemahlenen weißen Pfeffer unterschlagen.

Schmeckt gut zu gegrillten Rindersteaks.

Für die Zubereitung der Sauce béarnaise darf das Wasserbad nur handwarm sein, sonst gerinnt sie.

Käsesauce

Bild 3. Umschlagseite

50 g Schafkäse mit 50 g Frischkäse und 50 g Butter glattrühren. 3 geschälte Knoblauchzehen, 1 Handvoll frische Basilikumblättchen, 4 Blättchen frischen Rosmarin, 2 Zweige frischen Thymian sowie 50 g Sonnenblumenkerne ganz fein hacken. Alles mit der Käsecreme mischen.

Schmeckt gut zu Folienkartoffeln.

Senf-Kräuter-Paste

3 Eßlöffel gemischte, gehackte Kräuter (Minze, Zitronenmelisse, Oregano, Salbei, Basilikum, Petersilie, Rosmarin) mit 1 Eßlöffel frischem gehacktem Spinat, 3 geschälten, zerdrückten Knoblauchzehen, je 1 Teelöffel Brennesselsenf (ersatzweise Kräutersenf) und Senf nach altfranzösischer Art, 1 Eßlöffel Zitronensaft, Salz, frisch gemahlenem weißem Pfeffer sowie 3 Eßlöffeln kaltgepreßtem Olivenöl verrühren.

Schmeckt gut zu gegrillten Schweinekoteletts und zu Grillfisch.

Mayonnaise

2 Eigelbe · 1 Teel. Zitronensaft · 1 Teel. Dijonsenf · Salz · frisch gemahlener weißer Pfeffer · etwa ⅛ l Öl

So wird's gemacht: Die Eigelbe mit dem Zitronensaft, dem Senf, Salz und Pfeffer in einer Schüssel mit dem Schneebesen verrühren. Tropfenweise das Öl unterschlagen, bis die Masse fest ist. Diese Mayonnaise können Sie nach folgenden Vorschlägen variieren:

Variante: Knoblauchmayonnaise
Die Mayonnaise mit 3 geschälten, zerdrückten Knoblauchzehen, 2 Eßlöffeln Zitronensaft sowie je 1 Eßlöffel gehackter Zitronenmelisse und Petersilie mischen.

Schmeckt gut zu Grillfisch und Rindersteaks vom Grill.

Variante: Kräuterremoulade
Bild 3. Umschlagseite
Die Mayonnaise mit 2 Eßlöffeln gemischten, gehackten Kräutern (zum Beispiel Kerbel, Petersilie, Estragon, Zitronenmelisse, Sauerampfer), 3 Eßlöffeln Magerjoghurt, 1 Eßlöffel Kapern, 2 Eßlöffeln Zitronensaft, 1 kleinen gehackten Zwiebel und 1 kleinen gehackten Essiggurke verrühren.

Schmeckt gut zu gegrillten Rindersteaks und zu Grillfisch.

Kräuterbutter

Bild 3. Umschlagseite

125 g Butter mit 1 Eßlöffel Zitronensaft, 3 geschälten, feingehackten Knoblauchzehen sowie je 1 Eßlöffel gehackter Petersilie und gehacktem Basilikum mischen.

Schmeckt gut zu Rindersteaks vom Grill.

Senfbutter

125 g Butter mit 2 Eßlöffeln Zitronensaft, 1 Eßlöffel scharfem Senf, Salz und frisch gemahlenem weißem Pfeffer glattrühren.

Schmeckt gut zu Schweinefleischgrilladen und zu Grillfisch.

Beilagen vom Grill

Auch beim Grillen will niemand auf das richtige Drumherum verzichten. Köstliche Folienkartoffeln oder auch Sommergemüse direkt vom Grill sind die idealen Begleiter zu Fisch und Fleisch. Grundsätzlich gilt fürs rustikale Grillfest das gleiche wie für das anspruchsvolle Menü: Beilagen sollen den Hunger nicht stillen. Und sie müssen die »Hauptsache«, nämlich Fleisch oder Fisch, sinnvoll und schmackhaft ergänzen, ohne den Magen zu beschweren.

Zur fetten Schweinshaxe paßt nun mal kein Kartoffelsalat mit Mayonnaise, wogegen sich das zarte Steak vom Grill durchaus mit deftigem Knoblauchbrot verträgt.

Gegrillte Gemüse sind bei vielen sehr beliebt. Meist legt man sie einfach mit den anderen Grilladen auf den Rost. Ich habe daher auf spezielle Rezepte verzichtet, gebe Ihnen aber hier eine kleine Übersicht, damit Sie wissen, was sich besonders gut eignet und wie es am besten gelingt.

Gemüse vom Grill

Sorte	ganz	zerkleinert	Alufolie	Fettzugabe
Auberginen		in Scheiben	nicht nötig	Öl, am besten Olivenöl
Bleichsellerie	×		in Folie wickeln	Öl oder Butter
Bohnen, grün	×		in Folie wickeln	Butter
Erbsen, grün	×		in Folienförmchen	reichlich Butter
Fenchel		halbiert, geviertelt	in Folienförmchen	Öl, Butter
Gurke		in Scheiben oder Stücken	in Folienförmchen	Butter
Kartoffeln	×		in Folie wickeln	nicht nötig
Kohlrabi		in dünnen Scheiben	in Folienförmchen	Butter
Lauch	×		in Folie wickeln	nicht nötig, evtl. Öl
Lauchzwiebeln	×		in Folie wickeln	nicht nötig
Maiskolben	×		nicht nötig	mit Öl bestreichen
Mangold	×		in Folienförmchen	Butter
Möhren/Karotten	×		in Folie wickeln	nicht nötig
Paprikaschoten		in Stücken oder Scheiben	nicht nötig	nicht nötig, evtl. Öl
Pilze	×		auf Folie oder in Folienförmchen	Öl oder Butter
Spinat	×		in Folienförmchen	Butter
Tomaten	×, ohne Stengelansätze		in Folie	Öl
Zucchini		in Scheiben	nicht nötig	Öl
Zwiebeln	×		in Folie wickeln	nicht nötig

Überbackene Tomaten

Vollreife Tomaten ergeben mit Mozzarella, dem italienischen Käse aus Büffel- oder Kuhmilch, und frischem Basilikum eine köstliche Vorspeise vom Grill.

2 mittelgroße Fleischtomaten · 2 Mozzarellakäse von je 150 g · Salz · frisch gemahlener schwarzer Pfeffer · 4 Eßl. kaltgepreßtes Olivenöl · 4 kleine Zweige frisches Basilikum

- Vorbereitungszeit: 5 Minuten
- Grillzeit: etwa 10 Minuten
- Geeignet für: Holzkohlenrost, Elektrogrill

So wird's gemacht: Vier quadratische Stücke extrastarke Alufolie zu Förmchen von etwa 10 cm Durchmesser biegen. Die Fleischtomaten waschen, abtrocknen und vom Blüten- zum Stengelansatz in Scheiben schneiden. Die Mozzarellakäse ebenfalls in Scheiben schneiden. • Die Tomatenscheiben in die Förmchen verteilen und mit dem Käse bedecken. Mit Salz und Pfeffer bestreuen, dann mit dem Olivenöl beträufeln. Die Förmchen auf den heißen Rost über der mittelheißen Holzkohlenglut stellen, dabei die Alufolie oben etwas zusammenkniffen. • Kurz vor Ende der Grillzeit in jedes Förmchen das gewaschene, trockengetupfte Basilikum geben. Die überbackenen Tomaten in der Folie servieren.

Mein Tip Käse läßt sich prima grillen und schmeckt zum Auftakt Ihres Grillfestes ebensogut wie zum Abschluß. Schneiden Sie zum Beispiel von Parmesan oder Pecorino (italienischer Hartkäse aus Schafmilch) etwa ½ cm dicke Scheiben ab, die Sie auf Alufolie legen. Über der heißen Holzkohlenglut so lange grillen, bis der Käse weich ist. Entweder »pur« oder mit schwarzem Pfeffer aus der Mühle servieren.

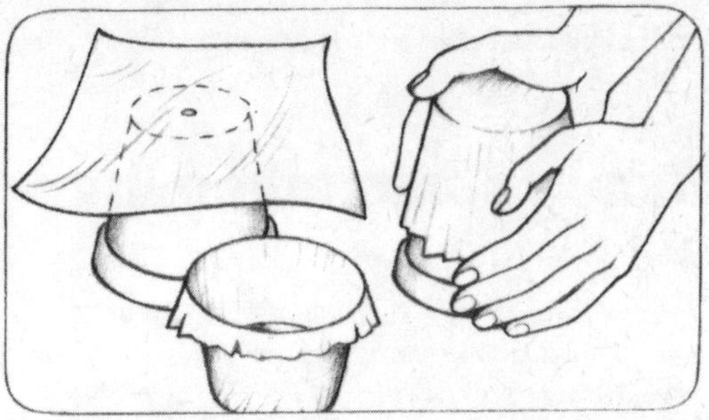

Alufolie wird passend zugeschnitten und über ein umgedrehtes Gefäß gedrückt, als Förmchen für Saftiges.

Variante: Überbackene Auberginen
1 mittelgroße Aubergine waschen, abtrocknen und quer in etwa 1 cm dicke Scheiben schneiden. Die Auberginenscheiben mit Salz bestreuen und 30 Minuten ziehen lassen; dann mit Küchenpapier sorgfältig trockentupfen. 2 mittelgroße Fleischtomaten und 3 Mozzarellakäse ebenfalls in Scheiben schneiden. Den Holzkohlenrost mit einem Bogen extrastarker Alufolie bespannen und die Folie mit Olivenöl bepinseln. Die Auberginenscheiben dicht nebeneinander auf die Folie legen, darauf die Tomatenscheiben und als letztes die Mozzarellascheiben. Mit Salz und schwarzem Pfeffer würzen und so lange grillen, bis der Käse cremig zerläuft.

Variante: Weißbrot mit Tomaten und Mozzarella
4 Scheiben Weißbrot (je etwa 1½ cm dick) auf dem Holzkohlenrost von beiden Seiten knusprig grillen. Inzwischen 4 Knoblauchzehen schälen und durch die Knoblauchpresse drücken. Mit 4 Eßlöffeln kaltgepreßtem Olivenöl mischen. 1 große Fleischtomate waschen und abtrocknen.

Die Tomate sowie 2 Mozzarellakäse in Scheiben schneiden. Die gerösteten Weißbrotscheiben zuerst mit dem Knoblauchöl bestreichen, dann dachziegelartig mit den Tomaten- und Käsescheiben belegen. Mit Salz und schwarzem Pfeffer bestreuen, in Alufolie einpacken und so lange grillen, bis der Käse cremig zerläuft.

Buntes Sommergemüse

Zutaten für 6 Personen:
1 Aubergine · Salz · 2 Zucchini · 2 Fleischtomaten · 2 Gemüsezwiebeln · je 1 rote und grüne Paprikaschote · 4 Eßl. kaltgepreßtes Olivenöl · 30 g Butter · 3 Knoblauchzehen · 2 Eßl. getrockneter Oregano · frisch gemahlener schwarzer Pfeffer

- Vorbereitungszeit: 30 Minuten
- Grillzeit: etwa 20 Minuten
- Geeignet für: Holzkohlenrost

So wird's gemacht: Die Aubergine waschen, abtrocknen und quer in 1 cm dicke Scheiben schneiden. Die Scheiben mit Salz bestreuen und 10 Minuten ziehen lassen; dann mit Küchenpapier trockentupfen. Die Zucchini und die Tomaten ebenfalls waschen und in Scheiben schneiden. Bei den Tomaten dabei die Stengelansätze entfernen. Die Gemüsezwiebeln schälen und grobhacken. Die Paprikaschoten waschen, putzen und in etwa 3 cm große Stücke schneiden. • Das Olivenöl mit der Butter bei schwacher Hitze so lange erwärmen, bis die Butter schmilzt. Die Knoblauchzehen schälen und durch die Knoblauchpresse in die Butter-Öl-Mischung drücken. Den getrockneten Oregano ebenfalls einrühren. • Alle Gemüse auf den, mit extrastarker Alufolie bespannten, heißen Holzkohlenrost legen. Über der mittelheißen Glut unter häufigem Wenden grillen und dabei ständig mit der gewürzten Butter-Öl-Mischung bestreichen. Nach dem Grillen pfeffern.

Paßt gut zu: gegrillten Steaks und Grillfisch

Variante: Maiskolben mit Salbei
4 Kolben Zuckermais von Blättern und Fäden befreien. Die Maiskolben waschen und in leicht gesalzenem Wasser 10 Minuten kochen. Mit dem Schaumlöffel herausheben und auf Küchenpapier abtropfen lassen. Inzwischen eine Butter-Öl-Mischung, wie oben beschrieben, zubereiten, aber den Oregano durch 5 frische Salbeiblättchen ersetzen. Die Maiskolben auf dem, mit Alufolie bespannten, Holzkohlenrost 10 Minuten grillen; dabei häufig wenden und mit der Butter-Öl-Mischung bestreichen.

Einem so appetitlich gegrillten Hähnchen kann bestimmt niemand widerstehen. Es läßt sich in zahllosen Variationen zubereiten. Sie sollten die Mehrausgaben nicht scheuen und immer frisches Geflügel aus artgerechter Haltung verwenden. Rezepte Seite 24. ▷

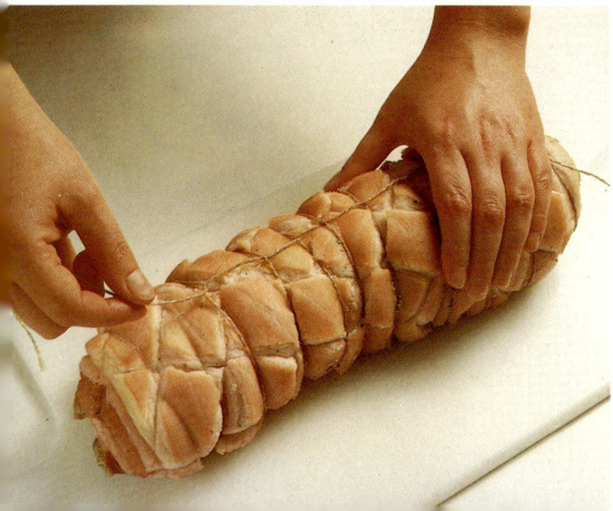

Würzige Champignons

300 g frische Champignons · 2 Knoblauchzehen · 1 Bund Petersilie · Salz · frisch gemahlener weißer Pfeffer · 6 Eßl. kaltgepreßtes Olivenöl

- Vorbereitungszeit: 10 Minuten
- Grillzeit: etwa 10 Minuten
- Geeignet für: Holzkohlenrost

So wird's gemacht: Die Champignons putzen, wenn nötig waschen und in nicht zu dünne Scheiben schneiden. Alufolienblätter zu Förmchen von etwa 10 cm Durchmesser biegen. Die Pilzscheiben in die Förmchen verteilen. • Die Knoblauchzehen schälen und grobhacken. Die Petersilie waschen, trockenschwenken und mit dem Wiegemesser fein zerkleinern. Beides über die Pilze geben und mit Salz sowie frisch gemahlenem weißem Pfeffer bestreuen. Das Olivenöl darüberträufeln. • Die Förmchen auf den mittelheißen Holzkohlenrost stellen und die Pilze langsam garen.

Passen gut zu: edlen Grilladen wie Steaks und Lamm. Gegrillte Pilze schmecken aber auch nur mit frischem Stangenweißbrot.

So gelingt der große Kräuterrollbraten Schritt für Schritt auch Ungeübten. Durch die Füllung aus Wildkräutern und Gartenkräutern zusammen mit den zerdrückten Pinienkernen wird er zu einem besonderen Genuß. Rezept Seite 32.

Variante: Austernpilze
500 g Austernpilze putzen, wenn nötig waschen. 6 Eßlöffel Olivenöl mit 2 Eßlöffeln gehackter Petersilie und 3 geschälten, zerdrückten Knoblauchzehen mischen. Die Pilze auf den mit geölter Alufolie bespannten Holzkohlenrost legen. Unter häufigem Wenden grillen, dabei immer wieder mit dem Knoblauchöl bestreichen.

Mein Tip Den Austernpilz, einen äußerst delikaten Zuchtpilz, erhalten Sie in Feinkostgeschäften und auf gut sortierten Wochenmärkten. Die Haupterntezeit ist Winter bis Frühsommer.

Variante: Steinpilze
500 g Steinpilze putzen, wenn nötig waschen. Große Pilze halbieren oder vierteln, kleinere ganz lassen. Die Pilze wie die Austernpilze grillen und dabei häufig mit Kräuter-Knoblauch-Öl bestreichen.

Käsekartoffeln aus der Glut

4 mittelgroße Kartoffeln (mehligfestkochende Sorte) · Salz · 4 kleine Scheiben Emmentaler Käse · 4 Zweige frischer Majoran · frisch gemahlener schwarzer Pfeffer

- Vorbereitungszeit: 10 Minuten
- Grillzeit: 30–40 Minuten
- Geeignet für: Holzkohlenglut, Elektrogrill

So wird's gemacht: Die Kartoffeln unter fließendem kaltem Wasser gründlich bürsten. Abtrocknen und längs halbieren. Die Kartoffelhälften mit Salz bestreuen. Vier Hälften mit je 1 Scheibe

Emmentaler und 1 Zweig Majoran belegen. Schwarzen Pfeffer nach Geschmack darübermahlen. • Die Kartoffeln wieder zusammensetzen und jede Kartoffel in ein Blatt extrastarke Alufolie wickeln. In der Holzkohlenglut in 30-40 Minuten garen.

Passen gut zu: Lammgrilladen. Käsekartoffeln schmecken auch als leichtes Abendessen nur mit einem grünen Salat.

Variante: Kräuterkartoffeln
Die Kartoffeln wie oben beschrieben vorbereiten und längs halbieren. Die Hälften mit Kräuterbutter (Rezept Seite 43) bestreichen. Die Kartoffeln wieder zusammensetzen, in Alufolie wickeln und wie oben garen.

Spinat im Päckchen

500 g frischer Blattspinat · 2 Knoblauchzehen · 40 g Butter

- Vorbereitungszeit: 15 Minuten
- Grillzeit: 10-15 Minuten
- Geeignet für: Holzkohlenrost

So wird's gemacht: Den Spinat sorgfältig verlesen, waschen und trockenschwenken. Die Knoblauchzehen schälen und in feine Scheiben schneiden. Den Spinat und den Knoblauch mischen und auf 4 große Blätter extrastarke Alufolie verteilen. Die Butter in Flöckchen über den Spinat geben. • Die Alufolie über dem Spinat schließen. Die Päckchen auf den heißen Holzkohlenrost legen. Den Spinat bei mittlerer Hitze 10-15 Minuten grillen.

Paßt gut zu: Fisch-, Rinder-, Lammgrilladen

Gemüseküchlein

2 mittelgroße Kohlrabi von je etwa 150 g · 300 g Möhren/Karotten · 1 Bund Petersilie · 2 Knoblauchzehen · 100 g Roquefortkäse · 2 Eier · 3 Eßl. gemahlener Dinkel · 1 Eßl. Semmelbrösel · Salz · frisch gemahlener schwarzer Pfeffer · 4 Eßl. kaltgepreßtes Olivenöl

- Vorbereitungszeit: 10 Minuten
- Grillzeit: etwa 10 Minuten
- Geeignet für: Holzkohlenrost

So wird's gemacht: Die Kohlrabi (das Kohlrabigrün aufbewahren) und die Möhren schälen und waschen. Beide Gemüse abtrocknen und ganz fein raspeln. Auf ein Küchentuch geben und den Saft auspressen. Die Petersilie und das Kohlrabigrün waschen, trockenschwenken und feinhakken. Die Knoblauchzehen schälen und durch die Knoblauchpresse drücken. Den Roquefort in kleine Würfel schneiden. • Alle Zutaten, außer dem Olivenöl, miteinander zu einem geschmeidigen Teig mischen. Den Teig zugedeckt 10 Minuten ruhen lassen. • Aus dem Teig mit angefeuchteten Händen Küchlein von etwa 4 cm Durchmesser formen. Den heißen Holzkohlenrost mit extrastarker Alufolie bespannen. Die Folie mit dem Olivenöl bestreichen. Die Gemüseküchlein über der mittelheißen Holzkohlenglut grillen, dabei einmal wenden.

Mein Tip Dinkel, eine Weizenart, die vor allem in ihrer unreifen, gedarrten Form, dem Grünkern, bekannt ist, erhalten Sie in Reformhäusern oder Naturkostläden. Für die Gemüseküchlein können Sie aber auch gemahlenen Grünkern verwenden.

Passen gut zu: Rinder-, Kalbs- und Lammgrilladen. Die Küchlein schmecken aber auch nur mit Kräuterremoulade (Rezept Seite 43).

Knoblauchbrot

1 Sesamfladen · 250 g Butter · 4 Knoblauchzehen · 4 Eßl. Petersilie, frisch gehackt · 1 Eßl. Kerbel, frisch gehackt · Salz · frisch gemahlener weißer Pfeffer

- Vorbereitungszeit: 15 Minuten
- Grillzeit: etwa 25 Minuten
- Geeignet für: Holzkohlenrost, Elektrogrill

So wird's gemacht: Den Sesamfladen rundherum in Abständen von etwa 2 cm tief ein-, aber nicht durchschneiden. Die Butter schaumig rühren. Die Knoblauchzehen schälen und durch die Knoblauchpresse drücken. Den Knoblauch, die Petersilie, den Kerbel, Salz und Pfeffer zur Butter geben und alles gut mischen. • Die gewürzte Butter in die Einschnitte des Brotes streichen. Den Fladen in ein ausreichend großes Stück Alufolie wickeln. • Den Fladen auf den heißen Holzkohlenrost legen. Nach 20 Minuten Grillzeit die Folie öffnen und das Knoblauchbrot die restlichen 5 Minuten leicht bräunen lassen.

Paßt gut zu: gegrillten Steaks

Variante: Zwiebelbrot
1 französisches Weißbrot wie oben beschrieben einschneiden. 1 mittelgroße Zwiebel schälen und ganz fein hacken. 2 geschälte Knoblauchzehen durch die Knoblauchpresse drücken. 2 Blättchen frischen Salbei ganz fein hacken. Die Zwiebeln, den Knoblauch, den Salbei, 1 Teelöffel Zitronensaft und 1 Teelöffel Salz mit 250 g Butter verkneten. Diese Mischung in die Broteinschnitte streichen. Das Brot wie oben grillen.

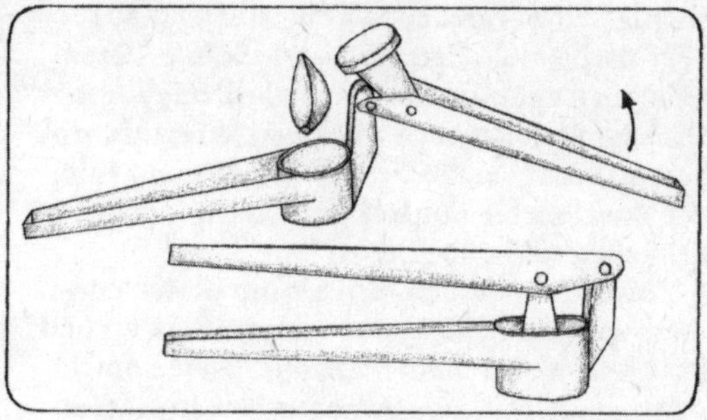

Das Auspressen der Knoblauchzehen geschieht in der Knoblauchpresse rasch und gründlich.

Variante: Scharfes Kräuterbrot
1 Roggenbaguette in Abständen von 2 cm tief ein-, aber nicht durchschneiden. Die Senf-Kräuter-Paste (Rezept Seite 43) zusätzlich mit 175 g Butter und 1 kräftigen Prise Cayennepfeffer verkneten. Diese Kräuterbutter in die Einschnitte des Brotes streichen und das Brot wie oben beschrieben grillen.

Mein Tip Gefüllte Brote sollten Sie auch zum Bräunen am Ende der Grillzeit nie ohne Alufolie auf den Holzkohlenrost legen. Die Butter wird nämlich nie ganz aufgesogen, so daß sie herabtropfen und in Brand geraten könnte.

Kein Zweifel: Ein knackig-frischer Blattsalat oder auch ein deftiger aus Kartoffeln gehören unbedingt zum sommerlichen Grillvergnügen. Ich kann Ihnen hier nur ein paar Anregungen geben und das Weitere Ihrer Phantasie und Ihrem persönlichen Geschmack überlassen – die Möglichkeiten sind unbegrenzt.

Zarte Blattsalate richten Sie am besten gewaschen und zerkleinert, doch ungemischt an und stellen eine oder mehrere Salatsaucen einfach daneben. Jeder kann sich dann seinen eigenen Salatteller kombinieren. Das gilt auch für frische Salatgemüse wie Tomaten, Gurken, Paprikaschoten, Zwiebeln und so weiter. Alle Salate, die durchziehen müssen, bereiten Sie rechtzeitig zu und stellen sie, mit einem Tuch abgedeckt, kühl.

Grüner Salat mit Kapuzinerkresse

1 Kopfsalat · je 1 Handvoll Kapuzinerkresseblätter und -blüten
Für die Salatsauce: etwa 50 g gemischte frische Kräuter, zum Beispiel Kerbel, Zitronenmelisse, Basilikum, Thymian, Estragon, Sauerampfer und Pimpinelle · 1 Eßl. Senf altfranzösische Art · Salz · frisch gemahlener weißer Pfeffer · 1 Prise Zucker · 3 Eßl. Sherryessig · 6–7 Eßl. kaltgepreßtes Olivenöl

- Vorbereitungszeit: 15 Minuten
- Zubereitungszeit: 10 Minuten

So wird's gemacht: Den Salat putzen, gründlich waschen und trockenschleudern. Die Blätter zerpflücken und zusammen mit den gewaschenen Blüten und Blättern der Kapuzinerkresse in einer Schüssel locker mischen. • Für die Salatsauce die Kräuter waschen, trockenschwenken und feinhacken. Den Senf mit Salz, Pfeffer, dem Zukker und dem Essig in einer Schüssel verrühren. Das Olivenöl in einem dünnen Strahl unterschlagen. Die gehackten Kräuter untermischen. Die Sauce gesondert zum Salat reichen.

Kartoffelsalat mit Gurke und Borretsch

Bild Seite 9

800 g Salatkartoffeln · 1 Stück Salatgurke (etwa 200 g) · 1 mittelgroße Zwiebel · Salz · ¼ l doppelt starke, heiße Fleischbrühe, aus Würfeln gekocht · ½ Eßl. Senf altfranzösische Art · 2 Eßl. Estragonessig · 4 Eßl. kaltgepreßtes Olivenöl · 8 Blättchen frischer Borretsch · ½ Bund Radieschen · frisch gemahlener schwarzer Pfeffer

- Vorbereitungszeit: 50 Minuten
- Zubereitungszeit: 10 Minuten
- Marinierzeit: mindestens 1 Stunde

So wird's gemacht: Die Kartoffeln unter fließendem kaltem Wasser gründlich bürsten und in der Schale weich kochen. Abschrecken, etwas ausdämpfen lassen, schälen und in Scheiben schneiden. • Während die Kartoffeln kochen, die Gurke schälen und in dünne Scheiben hobeln. Die Zwiebel schälen, feinhacken und mit Salz bestreuen. Die heiße Fleischbrühe mit dem Senf, dem Essig und dem Olivenöl mischen. Die Borretschblättchen gründlich waschen und hacken. Die Radieschen waschen, putzen und in feine Scheiben schneiden. • Die heißen Kartoffelscheiben mit der Salatgurke, der Zwiebel, den Radieschenscheiben, der Marinade und der Hälfte des Borretsch mischen. Den Kartoffelsalat mit Pfeffer abschmecken und mit den restlichen Borretschblättchen bestreuen. Vor dem Servieren mindestens 1 Stunde durchziehen lassen.

Paßt gut zu: Schweinefleischgrilladen, zu Fischfrikadellen und Würstchen vom Grill

Variante: Kartoffelsalat mit Kresse
Den Kartoffelsalat wie oben beschrieben zubereiten, aber Gurke und Borretsch weglassen. Stattdessen 1–2 Kästchen Kresse oder 150 g frische Brunnenkresse untermischen.

Variante: Kartoffelsalat mit Speck
Den Kartoffelsalat mit etwa 200 g feingeschnittenem Endiviensalat und 200 g feingewürfeltem, ausgebratenem Frühstücksspeck mischen. Gurke und Borretsch weglassen.

Variante: Kartoffelsalat mit Apfel
Den Kartoffelsalat mit 2 gewürfelten Essiggurken und 1 großen, gewürfelten Apfel (Boskop oder Gravensteiner) mischen. Gurke und Borretsch weglassen.

Mein Tip Salate, die vor dem Servieren noch durchziehen müssen, sollten Sie niemals in den Kühlschrank stellen, sondern nur, mit einem Tuch bedeckt, in der Küche stehenlassen.

Variante: Kartoffelsalat mit Mayonnaise
800 g Salatkartoffeln wie oben beschrieben kochen und in Scheiben schneiden. Während die Kartoffeln kochen, 1 große Fleischtomate mit kochendem Wasser übergießen, abschrecken und schälen. Die Tomate vierteln, von Stengelansatz und Kernen befreien und in kleine Stücke schneiden. 2 Eßlöffel Mayonnaise mit 1 Eßlöffel Joghurt, 1 Eßlöffel Senf altfranzösische Art, 2 Eßlöffeln Weißweinessig, 2 Eßlöffeln geschmacksneutralem Öl und 1 Prise Zucker mischen. Die Marinade unter die heißen Kartoffelscheiben mischen. Die Tomatenstückchen unterheben. Den Kartoffelsalat mit Salz und frisch gemahlenem weißem Pfeffer abschmecken.

Krautsalat mit Speck

Zutaten für 6 Personen:
1500 g Weißkraut · Salz · 200 g durchwachsener Speck · 1 große Zwiebel · 2 Knoblauchzehen · ¼ l Wasser · 1 gestrichener Eßl. Instant-Fleischbrühe · 1 gehäufter Teel. scharfer Senf · 4 Eßl. Weißweinessig · 8 Eßl. kaltgepreßtes Olivenöl · frisch gemahlener weißer Pfeffer

- Zubereitungszeit: 15–35 Minuten (hängt von den verwendeten Küchengeräten ab)
- Marinierzeit: mindestens 3 Stunden

So wird's gemacht: Das Weißkraut vierteln und mit dem Strunk 10 Minuten in kaltes Salzwasser legen. Dann unter fließendem kaltem Wasser gründlich abspülen und den Strunk entfernen. Die Krautviertel im Elektrogerät oder auf der Rohkostreibe feinraspeln. Das zerkleinerte Kraut mit Salz bestreuen. • Den Speck feinwürfeln. Die Zwiebel und die Knoblauchzehen schälen und feinhacken. Den Speck in einer Pfanne bei schwacher Hitze auslassen. Die Zwiebeln und den Knoblauch zugeben und unter Rühren anbraten. Mit dem Wasser ablöschen, dabei den Bratsatz loskochen. Die Fleischbrühe zugeben und einmal aufkochen lassen. Die Pfanne vom Herd nehmen. In die Flüssigkeit mit einem Schneebesen den Senf, den Essig und das Olivenöl einrühren. • Diese Marinade über das Kraut gießen und gut durchmischen. Mit weißem Pfeffer abschmecken. Vor dem Servieren mindestens 3 Stunden durchziehen lassen.

Paßt gut zu: Schweinefleisch- und Geflügelgrilladen und zu gegrillten Würstchen

Variante: Krautsalat mit Ananas
1500 g Weißkraut wie oben beschrieben vorbereiten und raspeln. Den Fruchtinhalt von 1 großen Dose Ananasstückchen (etwa 800 g) untermischen. Den Ananassaft mit 1 Eßlöffel Zitronensaft, 1 Teelöffel Dijonsenf, 1 Eßlöffel Sojasauce, 3 Eßlöffeln Sherryessig sowie 6 Eßlöffeln geschmacksneutralem Öl verrühren. Die Marinade erhitzen, aber nicht kochen lassen und über das Kraut gießen. Den Salat gründlich mischen und mit grob geschrotetem grünem Pfeffer abschmecken. Mindestens 30 Minuten durchziehen lassen.

Gemüsesalat

1 große Kartoffel (etwa 250 g) · 150 g Möhren/Karotten · 200 g Zwiebeln · 2 Knoblauchzehen · 400 g Tomaten · 250 g Weißkraut · 250 g rote und grüne Paprikaschoten gemischt · 2 frische Rosmarinzweige · 3 frische Thymianzweige · Salz · ⅛ l kaltgepreßtes Olivenöl

- Vorbereitungszeit: 30 Minuten
- Zubereitungszeit: etwa 40 Minuten

So wird's gemacht: Die Kartoffel und die Möhren waschen, schälen und noch einmal waschen. Die Kartoffel in mittelgroße Würfel, die Möhren in Scheiben schneiden. Die Zwiebeln und die Knoblauchzehen schälen; die Zwiebeln achteln.

Mein Tip Sie können den Gemüsesalat etwa 4 Tage gut verschlossen im Kühlschrank aufbewahren. In diesem Fall lassen Sie ihn bitte mindestens 3 Stunden vor dem Servieren bei Zimmertemperatur stehen.

Die Tomaten mit kochendem Wasser übergießen, abschrecken, häuten und vierteln; dabei von den Stengelansätzen befreien. Die Tomatenviertel noch einmal teilen. Das Weißkraut und die Paprikaschoten putzen, waschen und in etwa 3 cm große Stücke schneiden. • Alle Gemüse tropfnaß in einen ausreichend großen Topf geben. Die Rosmarin- und Thymianzweige kurz unter fließendem kaltem Wasser abspülen und zum Gemüse legen. Das Gemüse salzen und mit dem Olivenöl übergießen. Den Topf zudecken. Das Gemüse einmal aufkochen, dann bei schwächster Hitze so lange köcheln, bis die Kartoffeln weich sind. Während des Kochens einige Male vorsichtig umrühren. • Der Gemüsesalat schmeckt am besten lauwarm.

Paßt gut zu: Geflügel- und Rindfleischgrilladen. Der Salat schmeckt auch als Vorspeise.

Rezept- und Sachregister

Die *kursiv* gesetzten Seitenzahlen verweisen auf Farbbilder.

Selbstgemachte Grillsaucen: ▷
Pflaumenglasur, hinten links, davor Kräuterremoulade, hinten rechts Käsesauce und vorne Kräuterbutter.
Rezepte Seite 41 und 43.